AF220509

Dietrich Volkmer

Das Weltall, die Sterne und wir

Über die Welt, in der wir leben

Dietrich Volkmer

Das Weltall, die Sterne und wir

Über die Welt, in der wir leben

Die Deutsche Nationalbibliothek verzeichnet diese
Publikation in der Deutschen Nationalbibliografie;
Deteaillierte bibligrafische Daten sind im Internet über
http://dnb.ddb.de
abrufbar

Text, Layout und Umschlaggestaltung
Dr. Dietrich Volkmer
www.literatur.drvolkmer.de
Einige Bilder wurden mit der Software Bryce 4 erstellt

Internet-Seiten
www.literatur.drvolkmer.de
www.privat.drvolkmer.de
www.drvolkmer.de

Herstellung und Verlag: BoD - Books on Demand,
Norderstedt
Printed in Germany,

ISBN 9783 754 357 408

Inhaltsübersicht

Eine persönliche Bitte an Sie, verehrte Leser,
Ich habe den Text mehrfach kontrolliert, sollte mir trotzdem
ein Fehler unterlaufen sein, so sehen Sie es mir bitte nach.
Danke.

Thales wurde gefragt:

Was ist das Älteste?

Er antwortete:
Gott, denn er ist ungeboren.

Was ist das Schönste?
Die Welt,
denn sie ist die Schöpfung Gottes.

Was ist das Größte?
Der Raum, denn er umfasst alles.

Was ist das Weiseste?
Die Zeit, denn sie findet alles heraus.

Was ist das Schnellste?
Der Geist, denn er durcheilt alles.

Was ist das Stärkste?
Die Notwendigkeit, denn sie beherrscht alles.

Thales von Milet (angebl. 624 – 547 v.Chr.)

1

Eine Idee entsteht

Wir haben das Staunen verlernt, das Staunen
über die Wunder, die uns die Schöpfung
tagtäglich präsentiert

Es ist schon einige Jahre her, als die Idee zu diesem Buch entstand. Wir machten eine Woche Urlaub auf der griechischen Ägäis-Insel Patmos. Das Abendessen hatten wir in einer kleinen Taverne unten am Meer zu uns genommen und wir waren auf dem Weg zu unserer Pension. Es war dunkel und keine einzige Lampe oder Laterne leuchtete uns auf dem Heimweg.

Wir blickten nach oben und waren fast erschüttert von diesem grandiosen Anblick, der sich uns bot. Ein Himmel voller leuchtender Sterne in einer unbeschreiblichen Klarheit. Mittendrin zog sich die Milchstrasse hindurch wie eine Sternenschlange.

Wir schauten nicht nach einzelnen Sternen, sondern schauten nur, um dieses strahlende Bild in seiner Gesamtheit einzufangen.

Kaum konnten wir uns staunend von diesem einmaligen Anblick lösen. Nie wieder habe ich auf all meinen Reisen ein solches Bild erlebt.

Weder in Südamerika im Süden Chiles, noch auf der einsamen Osterinsel im Pazifik, noch in Namibia in den Lodges und Wüstengegenden und auch nicht im Inneren von Australien in der Nähe des Ayers Rock, heute Uluru genannt. Nie stellte sich wieder ein solch beeindruckendes Schauspiel des Himmels ein.

Damals hatte ich die Idee, dieses Erlebnis irgendwann einmal in Worte zu Papier zu bringen. Und nicht nur das, sondern noch ein wenig in die Umgebung dieses Themas zu schweifen.

Eine kleine Ergänzung zu diesen einführenden Worten: Der Mensch hat es durch die Veränderung der Umwelt so weit gebracht, dass er die reine Natur und die Schönheit der Schöpfung, in diesem speziellen Fall des Sternenhimmels, nur sehr eingeschränkt oder überhaupt nicht wahrnehmen kann. Das Licht, so sehr wir uns danach sehnen, hat einige einschränkende Eigenschaften. Denn das Gegenteil des Lichtes, Dunkelheit und Schatten, werden in heutigen Zeit durch künstliches Licht in ihrer Eigenschaft „behindert".

Wer hätte jemals daran gedacht, dass irgendwann ein solches Wort wie Licht-Smog existieren könnte?

Ist es da ein Wunder, dass vielen Menschen das Verständnis für das Grossartige, das uns der Himmel in klaren Nächten präsentiert, völlig abhanden gekommen ist?

Dann gab es einige Überlegungen. Wie soll ich es im Titel nennen? Weltraum, Weltall oder wissenschaftlich modern Universum?

Weltraum klingt so ein wenig eingeengt, als würden an allen Seiten ringsherum Zäune, Mauern oder Gitter behindernd im Wege stehen. Vielleicht ist es auch so, nur wissen wir es nicht!

Beim Wort Universum glaubt man die Physik und die Mathematik dahinter zu verspüren, reine Naturwissenschaft, Länge, Breite und Höhe vielleicht. Alles Mögliche auf jeden Fall. Es kann aber auch sein, dass ich es falsch empfinde.

Aber der Begriff Weltall hat etwas Geheimnisvolles mit dem Anhängsel „All" an sich, etwas, das Respekt und Furcht vor Grenzenlosigkeit einfliessen lässt.

Kurzum: Das Wort Weltall zog das sprachliche Gewinner-Los für den Titel.

2

Alte Liebe rostet nicht

Es ist keine Frage, daß uns die Fülle der Erinnerung,
womit wir jene ersten Zeiten (der Jugend) zu betrachten
haben, nach und nach erlischt, daß die anmutige Sinnlich-
keit verschwindet und ein gebildeter Verstand durch seine
Deutlichkeit jene Anmut nicht erssetzen kann.

Johann Wolfgang von Goethe

Verehrte Leser, Sie werden sich sicher wundern, in einem Buch, in dem es aller Wahrscheinlichkeit um mehr sachliche Themen geht, am Anfang solch ein Wort wie „Liebe" finden.

Doch es hat alles seinen Sinn.

Denn damit fing im Grunde in der Jugend alles an, all das, was in den nächsten Kapiteln noch folgen wird, quasi als Erweiterung und Ergänzung zu dem eben Erwähnten, also noch vor dem Erlebnis auf der Insel Patmos.

An dieser Stelle sollen keine Jugendlieben oder ähnliches aufgeführt werden. Aber es ist ein Ereignis aus meiner vorgerückten Kindheit, das mir noch heute so präsent ist als wäre es erst gestern geschehen.

Es trug sich in der Nachkriegszeit zu.

Mit zehn Jahren hat man in der Regel kein Interesse am gestirnten Himmel. Man nimmt ihn zur Kenntnis, man schaut mal auf den Mond, wie er sich rundet und wieder abnimmt. Das war es eigentlich!

Dann kam ein regnerischer Tag, der wenig zum Spielen draussen einlud. Die Besitzer des älteren Hauses, in dem wir zur Miete wohnten, waren irgendwo zu Besuch.

Was macht man also in seinem jugendlichen Abenteuerdrang?

Man stöbert im Haus herum.

Von einem kleinen Nebenraum führte eine Leiter in die Höhe zu einem Raum unterhalb des Daches, als Speicher oder Boden bezeichnet.

Hier gab es so viel zu sehen. Kurzum: Dieser Speicher lag voll mit altem Gerümpel, das ein längeres Leben so mit sich bringt und das man irgendwie entsorgen müsste. So eine städtische Müllabfuhr, wie sie heute gang und gebe ist, lag noch in der Zukunft.

Die Katze des Hauses hatte sich hier Zutritt verschafft und brachte hier ihre Jungen zur Welt. Vier kleine Kätzchen tapsten mit noch geschlossenen Augen ganz rührend durcheinander.

Ein Grammophon der Zwanziger Jahre mit einem grossen Trichter stand in einer Ecke, einige alte verstaubte Schallplatten lagen noch dabei. Dahinter ein Stapel mit zerknitterten Zeitungen. Einige unmodern aussehende Schränke standen an der Seite, die Türen waren nicht verschlossen. Das zieht natürlich magisch an.

In einem der alten Schränke fand ich einige etwas verkommen aussehende Bücher, die zum Teil miteinander verklebt schienen und alles andere als taufrisch aussahen.

Ich versuchte die Bände zu trennen und mir die einzelnen Titel näher anzusehen.

Ein altes Kräuterbuch mit farbig gezeichneten Pflanzen war dabei, auf einem anderen Titelbild blickte der Kaiser hoch zu Ross auf mich herab. Ein weiteres Buch hatte sich die Weimarer Republik vorgenommen. Und nicht zu übersehen: Auf vielen Büchern zeigte sich das Konterfei des Führers, also Pflichtlektüre für die Menschen des Tausendjährigen Reiches.

Und dann entdeckte ich ein weiteres Buch – es nannte sich wohl, so weit ich mich erinnern kann, „Die neue Astronomie". So ein Wort hatte ich bislang noch nie gehört. Ich versuchte die Seiten zu öffnen, aber es gelang nur bei einigen, denn die Seiten waren feucht, verklebt und etwas schimmelig. Und sie rochen etwas penetrant.

Zum erstenmal in meinem Leben sah ich auf den Bildern den Mond etwas näher, erblickte Sterne und Milchstrassen.

Mein Interesse war geweckt. Das wollte ich mir doch einmal genauer ansehen und so nahm ich das Buch kurzerhand mit.

Es gab aber familiäre Schwierigkeiten, denn meine Mutter war alles andere als begeistert, von diesem verschmutzten und riechenden Buch, denn ich versuchte die verklebten Seiten über dem Ofen und zu trocknen. Am liebsten hätte sie es in den Müll geworfen und so musste ich es verstecken und schaute mir das Buch hin und wieder an, wenn meine Mutter nicht im Hause war.

Wie weit die Sterne waren, die immer am Himmel nebeneinander zu kleben schienen! Und das leuchtende Band war die Milchstrasse, die man damals noch einigermassen sehen konnte, denn man ging mit dem Licht und der Energie noch sehr sparsam um, Strassenleuchten gab es kaum. Und irgendwo am Himmel sollte es weitere grosse Gebilde geben, die genau so aussahen wie die Milchstrasse. Die nächste Milchstrasse sollte nach damaligen Erkenntnissen 900.000 Lichtjahre entfernt sein. Das hiess: Dieses Licht, das ich sah, war schon so lange unterwegs und so uralt.

Das Buch zog mich an und oft las ich es heimlich. Der Geruch verlor sich nach und nach.

16

Und es sollte Planeten geben, so wie unsere Erde. Ob es darauf wohl auch Menschen, Tiere oder unbekannte Lebewesen geben könnte?

Eine starke Auswirkung hatte dieses Buch! Mein bescheidenes Weltbild, von der Bibel und dem Religionsunterricht geprägt, kam gehörig ins Wanken.

Wie sollte man bei solchen Grössen und Entfernungen noch an das erste Kapitel der Bibel glauben, in der alles in so wenigen Tagen geschaffen wurde. War das nicht etwas für gläubige Kinder?

Die Naturwissenschaft hatte, wenn ich es aus der heutigen Perspektive betrachte, mich aus der bequemen Welt des Glaubens in die Welt der Fragestellungen und des Zweifels entlassen. Nach dem Konfirmationsunterricht fragte ich mich immer, wie konnten die Pfarrer und Pastoren uns Jugendlichen derart ungereimte Erzählungen präsentieren? Die Bibel landete in der hinteren Reihe des Bücherschranks.

Aber ich muss jedoch schon an dieser Stelle zugeben, dass irgendwann ein Sinneswandel eintrat und ich mich mit der Bibel, in erster Linie mit den ersten Kapiteln des Alten Testamentes, der Josephs-Geschichte und besonders mit dem Neuen Testament, wieder versöhnte, wenn nicht gar anfreundete.

3

Die Geburt der Milchstrasse in der griechischen Mythologie

Es ist immer wieder erstaunlich, wie uns das Gedankengut eines Volkes aus einer Zeit einige Jahrhunderte vor Christi Geburt noch immer beschäftigt.
In Theaterstücken erscheinen sie immer wieder auf unseren Bühnen.

Auch die Altvorderen haben schon viele Fragen gestellt. Sie waren neugierig und suchten nach Erklärungen. Nun, es war eine Zeit, in der die Menschen voll Scheu zu den Göttern hochblickten und bei ihnen und mit ihnen versuchten, den Rätseln dieser Welt auf den Grund zu gehen. Auch über den Himmel haben sie sich schon ihre Gedanken gemacht.

Man sah damals bereits das helle Band, das sich über den klaren Nachthimmel zog. Da es so eindrucksvoll und schön war, gab es keinen Zweifel: Die Götter müssen bei der Entstehung mit gewirkt haben.

Die Geburt der Milchstrasse hat nun etwas mit der Göttin Hera und dem griechischen Heros Herakles zu tun.

Und das kam so.

Zeus war wieder einmal auf der Suche nach den Schönen der Antike. Sein Auge fiel auf die hübsche Alkmene, die Gattin von Amphitryon. Als dieser sich auf einem Kriegszug befand, sah der listige Olympier seine Chance gekommen, verwandelte sich in die Gestalt von Amphitryon und spielte ihr den glücklichen Heimkehrer vor. Dabei ist es wohl nicht geblieben. Alkmene war eine kluge Frau und als der echte Amphitryon von dem Feldzug zurückkam und ihr die gleichen Geschichten noch einmal erzählte, durchschaute sie den ersten Besuch, liess sich aber nichts anmerken.

Neun Monate später gebar Alkmene zwei Kinder, den kleinen zarten Iphikles und den strammen, kräftigen Herakles.

Die Zeusgattin Hera erfuhr irgendwie von dieser Geschichte und war erbost über den für sie peinlichen Seitensprung ihres stets untreuen olympischen Gefährten und versuchte, die Kinder durch zwei Schlangen zu töten. Aber Herakles war als Kind schon schlauer und stärker als sein Bruder und erwürgte mit seinen Riesenkräften die beiden Schlangen, die die Kinder erwürgen sollten.

Nun ergab es sich, dass Hera irgendwann das Weinen eines Kindes hörte und voller Mitleid und Fürsorge legte sie den Kleinen (es war Herakles!) an die Brust. Dieser biss sie aber dabei so heftig, dass sie ihn voll Schmerzen von sich weg stiess. Die Milch, die sie dabei verlor, spritzte weit über den Himmel. Daraus entstand die Milchstrasse, die wir, wenn wir in unseren lichtüberfluteten Nächten das Glück haben, noch heute als leuchtendes Band am Firmament bewundern können.

Eine herrliche, farbenreiche und phantasievolle Erklärung für ein himmlisches Phänomen!

Ohne dass die meisten heutigen Menschen es überhaupt bemerkt haben, tragen wir noch immer diese mythologische Geschichte der Griechen mit uns herum. Wir nennen die Milchstrasse auch Galaxis. Und „gala" heisst auf griechisch „Milch".

So hat also die kleine, für die Göttin Hera so unliebsame Episode bis heute ihren Nachhall hinterlassen.

4

Das „Wir"

Neben dem „Ich" eines der am meisten
gebrauchten Wörter unserer Sprache.
Daher soll es versuchsweise ein wenig
ausgeschmückt werden

Der dritte Teil des Titels dieses Buches enthält den ganz einfachen Namen: „Wir".

Wir – das ist das Naheliegendste, daher soll es zu den ersten Kapiteln dieses Buches gehören.

Wir, das sind wir Menschen, die wir auf diesem winzig kleinen Himmelskörper irgendwo verloren in den Weiten des Weltalls leben, der uns geschenkt wurde, auf dass wir uns wohlfühlen und dass wir ihn und seine Bewohner, die Tiere und Pflanzen, schonen, hegen und pflegen.

Schaut man sich jedoch einmal kritisch um, so betrachten wir, die wir uns fortschrittlich wähnen, die Erde vielfach mehr als ein Objekt, das es auszubeuten gilt, damit wir ein bequemes Leben führen, wir uns möglich alles leisten und überall unseren Stempel hinterlassen können.

Dabei ist dieses Areal, in dem wir zu Hause sind, ein so schmales und verletzliches Gebiet. Die Astronauten, die von ihren Flügen um die Erde oder vom Mond zurück kamen, haben immer wieder über diese Eindrücke berichtet, wenn sie ihren Blick nach unten richteten.

Ich möchte jetzt nicht in das allgemeine Klagen über die Klimaveränderung einstimmen, aber doch so einige Aspekte kurz zum Nachdenken skizzieren.

Da ist zum einen die immer weiter und schneller steigende Bevölkerung unserer Erde, die natürlich irgendwie ernährt werden will und muss. Das erfordert eine Ausdehnung der zu bebauenden Ackerfläche auf Kosten der ursprünglichen Natur, was wiederum mit viel Kunstdünger kompensiert werden muss und zusätzlich den Einsatz von Insektiziden und Pestiziden erfordert.

Die Artenvielfalt, d.h. viele Pflanzen und Tiere sind in den letzten Jahren vom Aussterben bedroht, sie verschwinden also für immer von der Bildfläche. Der Physiker Burkhard Heim hat einmal treffend gesagt: Mit jeder Pflanze, die ausstirbt, verlieren wir ein Heilmittel für den Menschen.

Besonders die Insekten sind stark von der „Ausdünnung" betroffen. Denken Sie mal an frühere Autofahrten. Nach rund hundert Kilometern musste man an die nächste Tankstelle fahren, um die Insekten von der Windschutzscheibe abzukratzen. Und jetzt? Es sind kaum noch welche an der Scheibe! Unsere Vogelwelt, die vielfach von den Insekten lebt, wird es bald spüren. Die Schwalben, die ihre Insekten etc im Fluge erhaschen, werden bald einen Bogen um Europa machen. Ebenso die Fledermäuse, die nächtens im Fluge auf Insektenjagd gehen.

Die erbarmungslose Abholzung der Wälder in einigen Gebieten der Erde! Wozu? Um Weiden für Rinder zu schaffen, um den ungehemmten Fleischkonsum der zivilisierten Welt zu befriedigen! Oder um Soja darauf anzubauen. Als drittes werden im fernen Osten anstelle der Wälder Öl-Palmen angesiedelt. Wofür? Um daraus Kraftstoffe für Automobile gewinnen, so lange es noch Verbrennungsmotoren gibt..

Dabei sind die Wälder so etwas wie die Lunge dieser Erde!

Der Mobilitäts-Wahnsinn! Immer mehr Autos fahren nicht nur bei uns auf unseren Strassen herum, sondern weltweit. Immer mehr Flugzeuge (sieht man einmal von der jetzigen Corona-bedingten Einschränkung ab) durchqueren die Atmosphäre, um Menschen irgendwohin zu transportieren. Schiffe mit Tausenden von Touristen durchpflügen die Weltmeere. Ob alles notwendig ist, mit dieser ungeheuren Verschwendung von Ressourcen, mag man bezweifeln. Viele dieser Touristen waren in den fernsten Gegenden der Welt, aber die eigene Heimat ist ihnen unbekannt.

Sie waren einfach nur da, um da gewesen zu sein! Mehr ist da oft nicht!

Die Plünderung der Rohstoffe ist ein weiteres Kapitel. In der Erde sind bei ihrer Entstehung viele Stoffe entstanden, die offenbar für den Menschen von Bedeutung sind. Denken Sie an die Kohle oder das Erdöl. Ebenso wichtig sind die Metalle wie Eisen, Kupfer, Aluminium, Zink. Und in neuester Zeit sind es Kobalt und die seltene Erde Lithium. Die beiden letzteren besonders für die Batterien der Elektromobilität. Und auch für unsere, über Bedarf strapazierten Mobil-Telefone.

Was mag der Mensch nur anstellen, wenn diese Quellen einmal versiegen? Denn sie sind nicht unerschöpflich! Sie sind endlich! Darüber wird zur Zeit nur wenig reflektiert! Einfach Augen zu, mal sehen was die Zukunft wohl an Einschränkungen bringen wird! Man wird wohl wieder eine Lösung finden!

Die Kunststoff-Verbreitung ist unübersehbar! Kunststoffe sind ein Material unserer Zeit, das aus Bequemlichkeitsgründen nicht mehr wegzudenken und überall verfügbar ist. Flaschen, Tuben, Behälter, Beutel,

Verpackungen, Geräte, Kleidungsstücke – kurzum es gibt fast nichts mehr ohne Kunststoff. Das Problem sind ja nicht die Kunststoffe per se, sondern der Abfall und die Entsorgung. Als ob es kein Morgen gäbe und keine kommenden Generationen, werden die Kunststoffe gedankenlos in die Umwelt entsorgt, ja sogar in die Flüsse und Meere. Die Meere sind voll davon, in grossen und winzigen Partikeln. Viele Meerestiere sterben qualvoll daran! Durch den Pazifik treiben riesige Müllinseln.

Bis zu 50 Millionen Tonnen Plastik fanden sich schon 2016 in der Natur. Bis 2025 besteht die Gefahr, dass die Menge sich verdoppelt.

Die Erwärmung der Erde. Dieses Thema schwebt zur Zeit wie ein Damoklesschwert zumindest über der zivilisierten Menschheit. Das Eis der Arktis und der Antarktis schmilzt zusehends, ganze Teile lösen sich aus dem Eis-Verband. Damit steigt der Meereswasser-Spiegel, was wiederum zu Überschwemmungen und Überflutungen kommen kann und wird. Ganze Landstriche an den Küsten könnten in den Fluten versinken. Die Landkarte der Erde dürfte in einigen hundert Jahren etwas verändert aussehen.

Mit Sicherheit könnte man diese Themen noch weiter ausdehnen, aber ich möchte es mit diesen kurz angeschnittenen Gedanken bewenden lassen.

Unsere Zeitungen und Illustrierten sowie das Fernsehen und hoffentlich auch einige engagierte Politiker tun das Ihrige dazu, dass diese Probleme nicht unerwähnt bleiben.

5

Astronomie und Astrologie

Zwei offenbar gegensätzliche Aspekte ein und
desselben Mediums - nämlich
des Sternenhimmels

Bevor wir uns den mehr wissenschaftlichen Bereichen nähern, soll uns noch zuvor ein kleiner Ausflug in eine andere Perspektive unseres nächtlichen Sternenhimmels beschäftigen, der jedoch von vielen Menschen eine bedeutsame Zuwendung erfahren hat und noch immer erfährt.

Die Sterne und die Planeten sind nicht nur für die Astronomen da. Es gibt noch andere Disziplinen, die diesem Bereich ihr Interesse zuwenden, so zum Beispiel die Astrologie.

Das Beobachten der Planeten und Sterne ist die eine Seite der Medaille. Aber wie kam es dazu, ihnen auch eine Bedeutung zukommen zu lassen.

Dieses Thema soll uns nur in Kurzform in dem Ihnen hier vorliegenden Kapitel beschäftigen, denn es soll ja kein astrologisches Werk werden. Auf der Literaturseite gebe ich Ihnen, die intensiver einsteigen wollen, noch einige Tipps.

Die Frage nach dem Ursprung der Astrologie ist nur schwer zu beantworten. Man kann nur Vermutungen anstellen.

Auf jeden Fall steht im Hintergrund die Prüfung der Analogie zwischen Himmelsphänomenen und irdischen Ereignissen.

Die entscheidende Rolle bei der Kulturgeschichte der Astrologie spielen die Bewohner des Zweistromlandes oder Mesopotamien, wie die Griechen es nannten, das Land zwischen Euphrat und Tigris. Man kann dieses Gebiet als die Wiege der Astrologie bezeichnen. Man erkannte mit der Zeit die Regelmässigkeit der Gestirnsbewegungen und vermutete, dass dahinter göttliche Einflüsse stehen mussten. Die Bezeichnung Chaldäer für die sternkundigen Babylonier hatte sich später in der ganzen Antike festgesetzt.

Es kam noch ein religiöser Aspekt hinzu. Die Babylonier, so wollen wir einmal sämtliche Bewohner des Zweistromlandes nennen, verehrten die Planeten aber nicht als Götter, sondern als deren Sterne.

Zum Entstehen der Astrologie gehört ein wichtiges Phänomen – und das ist Zeit. Zeit zum Beobachten und zum Kombinieren. Und Zeit hatte man damals in Hülle und Fülle, denn die Schnelllebigkeit und Hetze ist ein damals unbekanntes Laster der Neuzeit.

Man schaute auf die Planeten und merkte sich bestimmte Konstellationen. Sonne und Mond zählten mit zu den ausserirdischen Faktoren. Ansonsten waren nur Venus, Mars, Merkur, Jupiter und Saturn bekannt. Zugleich warf man einen Blick auf die Erde und registrierte die Ereignisse, zum Beispiel Naturereignisse wie Sturm, Hagel, Vulkanausbrüche, Überschwemmungen sowie Kriege und Überfälle. Diese registrierende Beobachtung und die ableitende Auslegung und Deutung dauerte sicherlich eine lange Zeit.

Also: Immer dann, wenn zu einer bestimmten Stern- oder Planetenkonstellation stets ein bestimmtes Ereignis auf der Erde eintrat, vermutete man einen eventuellen Zusammenhang zwischen oben und unten, zwischen Himmel und Erde, zwischen Göttern und Menschen.

Aber nicht in dem Sinn, dass die planetare Konstellation etwas bewirkt, im Sinn von „Darum – Weil" sondern im Sinn von „Immer dann – wenn". Es ist also kein kausales Denken, das die Planeten zu Verursachern, zu Tätern macht. Sie tun einfach nichts, sie bewirken nichts, sie können nur anzeigen!

Wir nennen es ein analoges Denken. Zwei völlig verschiedene Ereignisse spielen sich zur gleichen Zeit ab, liegen aber auf verschiedenen Ebenen. Sie haben aber einen mehr symbolhaften Bezug zueinander.

Man begann den Planeten gewisse „Eigenschaften" zuzuordnen.

Der rote Planet Mars steht mehr für Männlichkeit, Kampf, Auseinandersetzung, Krieg, Aggression – also mehr aktive Zuordnungen. Der strahlenden Venus (griechisch Aphrodite) hat man mehr weiblich-zarte Eigenschaften zugeteilt, Harmonie, Freude an der Kultur und an gemeinsam eingenommener Ess-Kultur. Um nur zwei zu nennen.

Astrologie und Astronomie „bedienen" sich zwar der gleichen himmlischen Elemente, haben aber eine völlig konträre Ausrichtung, eine andere Denkweise.

Bei den früheren Kulturen im Zweistromland, also bei Sumerern und Babyloniern waren beide Disziplinen noch ziemlich gleichwertig. Man spricht davon, dass die Kunst der Astrologie im Zweistromland bis ins dritte und vierte vorchristliche Jahrtausend zurückgeht. Aber erst im zweiten Jahrtausend bekam diese Kunst unter Hammurabi eine gewisse Strukturierung und Systematisierung.

Die Arbeit der Astrologen bestand darin, in den Nächten den Himmel aufmerksam zu beobachten und etwaige Zeichen zu registrieren, seien es Phänomene der Planeten, die Mondphasen oder ungewöhnlichere Ereignisse wie Kometen am Himmel.

Daraus versuchten sie Schlüsse oder Prognosen für Handlungen und Entscheidungen für den König zu treffen, denn von ihm hing das Wohl des ganzen Landes ab.

Später kam noch die vorausschauende Berechnung der Planetenkonstellationen hinzu.

Eine grandiose Erweiterung der Astrologie ist die Einteilung der Ekliptik, also des Streifens, auf dem die Sonne im Laufe des Jahres hindurch wandert, in zwölf gleich grosse Abschnitte mit dreissig Einzelgraden, die sog. Tierkreisbilder. Nun konnte man die Lage der einzelnen Planeten besser angeben. Die ersten 30 Grad des Tierkreises, ausgehend vom Frühjahrspunkt, wenn Tages- und Nachlänge gleich sind, nannte man Widder, dann kam der Stier usw.

Eine weitere Entwicklung waren die sogenannten Häuser

Den nächsten Schritt stellen die Horoskope dar, die Darstellung der Planetenstellungen zu einem bestimmten Zeitpunkt. In den allermeisten Fällen geht es um den Zeitpunkt der Geburt.

Ein wichtiger Aspekt ist der Ascendent, es ist das Tierkreiszeichen, das zum Geburtszeitpunkt am Osthorizont steht. Es soll die Anlagen im Menschen symbolisieren, die es im Lauf des Lebens abzuarbeiten und zu entwickeln gilt. Das Tierkreiszeichen, in dem die Sonne dann steht, bezeichnet man als Bühne des Lebens, wo die Anlagen entfaltet werden sollen.

Es gibt dann noch weitere Feinheiten wie Medium coeli und Aspekte, aber das würde den Rahmen dieses Buches etwas ausweiten.

Im Alten Ägypten spielte die Astrologie keine so wichtige Rolle.

Man schaute nur auf den Sirius, einen der hellsten Sterne am Himmel. Wenn er erschien, dann schien die Nilflut mit ihrer Überschwemmung nahe.

Im antiken Griechenland spielte die Astrologie keine so bedeutsame Rolle.

Im Mittelalter hatte die Astrologie noch einen gewissen Stellenwert.

Auch Kepler, der immerhin herausgefunden und beschrieben hatte, das sich die Planeten auf elliptischen Bahnen um die Sonne bewegten, war noch beiden Bereichen gegenüber aufgeschlossen und hat beispielsweise verschiedene Horoskope für den Heerführer Wallenstein erstellt.

In einigen Büchern kann man auch über die Bedeutung der Astrologie in der muslimischen Welt nachlesen.

Zugegeben, ich hatte mich früher stets ein wenig darüber lustig gemacht, wenn ich sah, wie viele Menschen begierig die Horoskope in den Zeitschriften lasen und daraus Schlüsse oder Handlungen ableiteten.

Gestatten Sie mir, verehrte Leser, an dieser Stelleeine kleine persönliche Begebenheit zu diesem Thema.

Bis ich eines Tages oder besser nachts unterhielt ich mich mit einem Hobby-Astrologen.

Ich versuchte in den Semester-Ferien mir etwas Geld zu verdienen und so hatte ich das Glück, eine Stelle auf unseren damaligen grössten deutschen Passagierschiff, der „Bremen" als Nacht-Steward in der Ersten Klasse zu bekommen. Es ging dreimal von Bremerhaven nach New York und zurück. Damals flogen die Leute noch nicht so viel wie heute, es ging noch gemächlicher zu und das Schiff war immer ausgebucht.

Und beim Ablegen in Bremerhaven spielte noch eine Kapelle das Lied „Muss i denn, muss i denn zum Städele hinaus ..."

Mein Dienstbereich war das oberste Deck. Es war eine interessante Tätigkeit: Dem Sänger Gerhard Wendland (Tanze mit mir in den Morgen) musste ich nachts immer die Schuhe putzen, die er vor die Tür stellte; Igor Strawinski wollte nachts stets Wasser von der Bar haben. Morgens musste ich zum Ende meiner Dienstzeit einen Großteil der Stewards wecken, darunter auch Siegfried und Roy, die damals auf der „Bremen" eine Abendschau boten, bevor Las Vegas sie entdeckte.

Im größeren Erster-Klasse-Deck unter mir versah nachts ein älterer Herr seinen Dienst, Albert Weyhausen. Er hielt seinen Kopf immer etwas schief und er hatte einen guten Riecher dafür, welche Passagiere wohl großzügig mit Trinkgeld sein würden.

Wir trafen uns eines Nachts und da erzählte er mir, dass er sich mit Astrologie beschäftigte. Ich fragte ihn ein paar Dinge, die mich interessierten.

Und dann berichtete er mir folgende Geschichte: Der Obersteward-Assistent fragte ihn eines Tages nach einem Horoskop. Weyhausen rechnete es aus und warnte ihn vor einem Tag, an dem er sehr vorsichtig sein sollte. An diesem besagten Tag, als Weyhausen am Abend seinen Dienst antrat, kam der Steward und sagt, dass ja nichts passiert sei. Darauf Weyhausen: „Warten Sie es ab, der Tag ist noch nicht zu Ende!"

Es hatte auf dem Atlantik stark geregnet, es war stürmisch und der Steward machte noch einen Abendkontrollgang. Er rutschte auf dem nassen Deck aus und brach sich den Arm.

Damals dachte ich bei mir: Irgend etwas scheint doch an der Astrologie dran zu sein!

Viele Jahre später habe ich mich auch intensiv mit diesem Thema beschäftigt, habe gelernt Horoskope zu erstellen und habe einige Seminare bei dem wohl begabtesten deutschen Astrologen Wolfgang Döbereiner und einigen anderen besucht.

Ungefähr zwei Jahre vor dem Zerfall hatte Döbereiner ein Horoskop auf die Sowjet-Union erstellt und schrieb, also vorher, ob wohl er es selbst kaum glauben mochte, dass zwei Jahre später die Sowjet-Union grosse Probleme bekäme und sich sogar auflösen würde.

Was dann tatsächlich auch eingetreten ist.

Auch das hat mir irgendwie zu denken gegeben.

So weit zu meinen persönlichen Erlebnissen zum Thema Astrologie.

Im Grunde beschäftigen sich Astronomie und Astrologie mit der gleichen Materie: Der Sonne und den Planeten. Aber unter völlig anderen Gesichtspunkten.

Die Astronomen beobachten die Planeten und die Sterne unter physikalisch-naturwissenschaftlichen Aspekten. Sie zählen, messen und fotografieren. Ihre Interessensphären liegen zur jetzigen Zeit etwas ausserhalb unseres Sonnensystems, sie schweifen zu anderen Sternen der Milchstraße, sie suchen nach Exo-Planeten ausserhalb unseres Sonnensystems und schauen nach weit entfernten Galaxien und was das Weltall sonst noch alles zu bieten hat.

Die Astrologen sind da etwas bescheidener. Ihnen genügen Sonne, Mond und die dazu gehörigen Planeten. Wobei man ihnen zu ihrem Bedauern einen wichtigen Planeten als Bezugs-„Objekt" aberkannt hat, nämlich den Pluto, indem man ihn zu einem Zwergplaneten degradierte.

Aus Zeitgründen habe ich aber dann die Beschäftigung mit der Astrologie aufgegeben. Jedoch habe ich daraus einiges gelernt. Die wichtigste Erkenntnis daraus war die Beschäftigung mit Symbolen, wie sie auch von den griechischen Göttern repräsentiert werden. In mein Buch „Mars im Spiegel" sind diese Aspekte eingeflossen.

6

Unsere nähere Umgebung im Weltall

Der Mensch drängt hinaus in unsere
planetare Nachbarschaft. Sei es aus
Neugier, sei es aus wissenschaftlichem
oder wirtschaftlichem Interesse,
kurzum: Wir leben in einer interessanten
Zeit des Aufbruchs zu neuen Zielen.

Die kleinen künstlichen Erd-Begleiter

Die Russen waren die ersten, die eine kleine Wohnung im Umkreis der Erde errichteten. Sie nannten sie „Mir" – Frieden.

Die Nachfolgerin, die Internationale Raumstation ISS, gibt es schon seit längerer Zeit, sie umkreist die Erde in ungefähr 400 Kilometer Höhe. Sie ist ständig mit einigen Astronauten besetzt, die einige Zeit dort oben verbringen und im Wechsel entweder mit russischen Raketen nach oben befördert werden (und wieder abgeholt werden) und neuerdings auch mit Raketen des amerikanischen Tesla-Gründers Elon Musk.

Die Chinesen sind dabei, im Weltraum mit den westlichen Nationen gleich zu ziehen. Sie errichten gerade eine neue Raumstation. Sie trägt den etwas poetisch-blumenreichen Namen „Himmelspalast".

Die für uns Menschen interessanten Planeten und Monde

Der Mond

Unser ständiger Begleiter im All hat inzwischen, abgesehen von etlichen gelandeten Sonden, einige Menschen zu Besuch gehabt. Als im Jahre 1969 Neil Armstrong und Buzz Aldrin ihre ersten Schritte auf dem Mond tätigten, waren zum erstenmal Menschen ausserirdisch unterwegs. Heutzutage ist viel vom Besuch anderer Planeten die Rede.

Unser Mond hat bereits sechsmal menschlichen Besuch bekommen, insgesamt zwölf Amerikaner haben ihre Spuren auf dem Mond hinterlassen.

Wenn man sich einmal vor Augen hält, welche Präzision erforderlich war und welchen Gefahren die Astronauten damals ausgesetzt waren!

Und die Bord-Rechner hatten nicht einmal die Kapazitäten eines Smart-Phones von heute!

Die 384.000 Kilometer Flug waren dabei sicher der einfachste Teil der Reise. Aber dann die Trennung von der Mutterkapsel und die Landung auf dem Mond. Die Worte von Neil Armstrong mit dem kleinen Schritt für einen Menschen und dem grossen Schritt für die Menschheit hat sicher jeder Interessierte noch im Ohr. Und dann die Rückkehr: Die Lösung von der Landefähre und die Wiederankopplung an das Raumschiff, das in der

Zeit mit einem einsamen Astronauten um den Mond kreiste. Grandiose technische Leistungen. Die Landung auf der Erde war dann für die drei Männer fast schon Routine, denn das hatte man schon einige Male bei erdnahen Manövern erprobt und durchgeführt.

Das Apollo-Projekt wurde dann aus Kostengründen eingestellt.

Den Chinesen ist es inzwischen gelungen, einen Roboter auf der Rückseite des Mondes abzusetzen.

Das Ziel aller Bemühungen ist es, eine ständige, mit Menschen besetzte Station auf unserem Erdtrabanten zu errichten.

Neben diesen mehr technischen Betrachtungen hat der Mond in der deutschen Sprache eine mehr symbolhafte Beziehung zum Seelenleben. Seinen verschiedenen Phasen vom Neumond bis zum Vollmond hat man verschiedene Bedeutungen zugelegt.

Trotzdem ist der Mond in der deutschen Sprache mit einem männlichen Artikel versehen, die Sonne hingegen mit einem weiblichen Artikel. Die anderen europäischen Sprachen sehen das etwas anders.

„La lune" im Französischen, die Sonne hingegen heisst „le soleil", ähnlich ist es im Italienischen und im Spanischen: Jeweils „la luna", die Sonne ist männlich: „Il sole" (ital.) und „el sol" (span.). Im Griechischen ist der Mond „to fengari" sächlich, ein Wort, mit dem man als Deutscher so gar nichts anfangen kann, die Sonne „o ilios" (männlich) leitet sich vom altgriechischen Sonnengott Helios ab.

Die Venus

Sie ist der Morgen- und der Abendstern, je nach ihrem Stand bei ihrer Umrundung der Sonne.

Eine Weile hielt man sie für die Zwillingsschwester unserer Erde, da sie ihr grössenmässig weitgehend ähnelt. Das ist aber auch alles, wie gleich zu lesen sein wird.

Lange Zeit hatte ihre Strahlkraft die Menschen verzaubert, nicht umsonst hat man ihr den latinisierten Namen der griechischen Liebesgöttin Aphrodite gegeben.

In der Vorstellung der Menschen war es ein Planet, der dem Bild der Aphrodite entsprach. Eine paradiesische Umgebung, wunderschöne Pflanzen und eventuell noch bevölkert von ätherischen Wesen.

Lange konnte man trotz bester Fernrohre keinen Blick auf den Planeten werfen, da er von einer ständigen wolkigen Hülle umgeben ist. Verbarg sich dahinter oder darunter ein Geheimnis? War es der Schleier der Isis? Der Schleier der Salome, der etwas verhüllen sollte? Kurzum: Die Venus war das Bild einer jugendlichen, strahlenden Schönheit, die uns ihre Reize vorenthält?

Das liess die neugierigen Menschen, speziell die Wissenschaftler, nicht ruhen.

Ein Bild der Venus durch Radar-Aufnahmen
Im Süden befindet sich eine Ebene die den Taufnamen der
Venus hat: Aphrodite

Da die besten Teleskope nichts Näheres offenbarten, wurden Sonden losgesandt. Im Jahr 1962 rauschte die amerikanische Sonde Mariner 2 rund 35.000 Kilometer an der Venus vorbei. Es zeigte sich keine sanftmütige Schöne, sondern eine wenig attraktive Welt mit einer ungefähr 400 Grad heissen Oberfläche. Das Fazit: Ein Leben wie auf unserer Erde schien unmöglich. Dreizehn Jahre später landete am 22. Oktober 1975 die russische Sonde Venera 9 auf unserem Nachbarplaneten: Die wenigen Photos waren desillusionierend: Eine steinige, leblose Oberfläche. Drei

Tage später folgte die Schwestersonde Venera 10. Ähnliche Bilder: Karg, leblos, fürs irdische Leben ungeeignet. Hoher Druck und enorme Hitze liessen die Sonden schnell verstummen.

Die Illusion eines ausserirdischen Paradieses zerbarst!

Spätere Radar-Sonden zeigten weitere Details: Auf der südlichen Seite der Venus hat man der eigentlichen Taufpatin Aphrodite eine grosse Ebene gewidmet: Aphrodite Terra, auch sonst werden weibliche Namen für venusische Oberflächenmerkmale bevorzugt.

Der Mars

Von jeher war der Mars derjenige Planet, der uns am meisten beschäftigte und vor allem noch immer beschäftigt.

Seine rote Farbe erinnerte an Blut und Krieg, daher erhielt er auch den Namen des griechischen Kriegsgottes Ares, auf lateinisch Mars.

Lange Zeit hielt man ihn für „unbemondet", erst im Jahr 1877 entdeckte man die beiden kleinen Monde. Mythologisch konsequent gab man ihnen die Namen der Hunde des Kriegsgottes: Phobos (zu deutsch: Furcht, wir kennen dieses Wort aus einer Vielzahl von Fremdwörtern, die vom Alphabet her von Akrophobie, der Höhenangst bis zu Thanatophobie, der Todesangst, reichen) und Deimos (zu deutsch: Schrecken, unser Wort Dämon erinnert daran).

Fast zur gleichen Zeit regten die Astronomen Schiaparelli und Lowell die Phantasie der Menschen an. Sie glaubten mit ihren bescheidenen Teleskopen auf dem Mars geradlinige „canali", Kanäle, entdeckt zu haben. Sogleich dachte man an intelligente Bewohner, die diese von ihnen erbauten Kanäle mit Schiffen befuhren.

Das hielt einige Zeit an. Ebenso wie bei der Venus liess eine Raumsonde die Illusion von den Kanälen zerplatzen. Im Jahre 1965 zeigten die Mariner-Sonden zwar ein mit Atmosphäre behaftetes Bild, aber ansonsten eine unwirtlich-zerklüftete Welt. Inzwischen sind einige Sonden auf dem Mars selbst gelandet und haben einige fahrende Vehikel abgesetzt.

Im Jahr 2020 starteten von der Erde insgesamt drei Marssonden: Eine chinesische, die zuerst den Mars umrundete. Weiterhin umkreist jetzt eine Sonde der Vereinigten Arabischen Emirate den roten Planeten. Die interessanteste ist jedoch der amerikanische Nasa-Rover „Perseverance" (zu deutsch so viel wie „Durchhaltevermögen"). Dieses Mars-Mobil führt nämlich einen kleinen Hubschrauber mit Namen „Ingenuity" (zu deutsch etwa: „Einfallsreichtum") mit sich, der inzwischen einige Flug-Versuche in der dünnen Mars-Atmosphäre hinter sich hat. Das Ziel ist die Erkundung der Mars-Oberfläche von oben.

Inzwischen ist es auch den Chinesen im ersten Versuch gelungen, einen

Der Rote Planet Mars - Der Achte Kontinent?

kleinen Roboter auf dem roten Planeten abzusetzen.

Eine Konzession an die griechische Mythologie erfuhr die Bergwelt des Planeten: Der mit rund zwanzig Kilometer höchste bekannte Berg des Sonnensystems erhielt den Namen Olympus Mons. Dagegen erscheint unser Mount Everest doch von bescheidener Größe.

Es kursieren Pläne der NASA und des E-Mobil-Pioniers Elon Musk, den ersten Menschen auf dem Mars abzusetzen und was noch schwieriger sein dürfte, ihn auch wieder zurück zu holen.

Inzwischen haben die Chinesen ihrerseits feste Pläne für die bemannte Reise zum Mars bekannt gegeben. In den Jahren 2033 bis 2043 sind mehrere Reisen vorgesehen und in diesem Zusammenhang später auch die Errichtung einer ständigen Forschungsstation.

Ein Buch, das vor einiger Zeit erschien, trug den Titel: „Mars – Der achte Kontinent".

Weitere Fernziele sind, den Mars ständig, trotz seiner lebensfeindlichen Umgebung, mit Menschen zu besiedeln.

Der amerikanische Tesla-Konstrukteur Elon Musk hat sich dies zum Ziel gesetzt. Ein optimistischer Spruch von ihm aus jüngster Zeit war „Mars, wir kommen!"

Kein leichtes Unterfangen. Der Mars ist wesentlich kleiner als die Erde, die Atmosphäre enthält keinen Sauerstoff, die Schwerkraft ist sehr niedrig, ebenso der Luftdruck.

Warum wollen Menschen sich so etwas antun?

Man bedenke: Allein die Hinreise! Einige Monate nur eine monotone, dunkle Umgebung, die Erde wird zusehends kleiner und bis der Mars auftaucht, dauert es einige Monate! Die räumliche Beengtheit und keinerlei Privatsphäre auf dem Flug – das sind die ersten grossen Schwierigkeiten, die es zu meistern gilt. Dem anfänglichen Enthusiasmus dürften früher oder später psychische Probleme folgen, wenn man mental nicht stabil genug ist.

In der Zeitschrift „Der Spiegel" stand in der Ausgabe 34/2014 ein interessanter Artikel mit dem Titel „Neue Heimat auf dem Mars". Darin wird von einer Firma „Mars One" in Holland berichtet, die Aussiedler für den Mars suchte, für eine Reise ohne Wiederkehr! Denn ein Rückflug würde die ohnehin extrem hohen Kosten noch weiter ungemein steigern. Von rund 200.000 Bewerbern übers Internet blieben 704 für eine engere Auswahl.

Alle waren sich dessen bewusst, dass es für sie nie wieder eine Rückkehr zur Erde geben würde. Ihr Leben dort würde sich in einem engen Umfeld abspielen, die Hauptaufgaben würden in der Sicherung des Überlebens bestehen und im Raumanzug kleinere Exkursionen in die nähere Umgebung der Station. Hin und wieder werden sie, wenn die Planeten günstig zueinander stehen, am Nachthimmel einen winzigen Lichtpunkt sehen – ihre Heimat, die Erde. Und das Traurigste: Sie müssten die ersten marsischen Gräber für Erdenbewohner ausheben.

Diese Firma hat inzwischen Konkurs angemeldet.

Aber der Forscherdrang des Menschen wird auch diese Schwierigkeiten meistern. Neugier war schon immer die Triebfeder zum Aufbruch zu neuen Ufern.

Ich vergleiche es immer gern mit dem Auszug des Lebens aus dem Meer auf das feste Land. Ein schwieriger Prozess, der mit Sicherheit Tausende wenn nicht Hunderttausende von Jahren gedauert hat. Und trotzdem hatte sich das Leben, obwohl es im Wasser einfacher und „gemütlicher" war, für diesen Schritt entschieden. Obwohl es mit Sicherheit mit vielen Opfern verbunden war. Und es gab keinen zwingenden Grund! Oder war es im geheimnisvollen Plan der Evolution vorgezeichnet? Wir wissen es nicht!

Wer weiss, vielleicht ist es mit unserem Drang zum Mars eine ähnliche Bewegung, wenn auch unter völlig anderen Voraussetzungen und Bedingungen.

Jupiter

Der grösste der Planeten erhielt standesgemäss den latinisierten Namen des Göttervaters Zeus.

Galilei entdeckte mit seinem einfachen Fernrohr als erster die vier großen Monde des Jupiter. Eine aufregende Entdeckung war es damals, dass auch andere Planeten Monde haben und nicht nur unsere Erde!. Zu der damaligen Zeit waren nur vier zu sehen, jetzt hat man über siebzig entdeckt.

Für die Astronomen ist der Mond Europa interessant, weil man unter seiner eisigen Oberfläche in der Tiefe einen Ozean vermutet. Und wo Wasser ist, könnte Leben gleich welcher Art entstehen oder entstanden sein.

Einer der vier grossen Monde erhielt den Namen von Zeus' Mundschenk Ganymed.

Der berühmte Rote Fleck - Ein Wirbelsturm von der Größe der Erde

Einer der kleineren Monde wurde nach der kretischen Ziege Amalthea benannt. Sie war es, die mit ihrer Milch den jugendlichen Zeus auf der Insel Kreta ernährte, als er sich vor dem gefrässigen Vater Kronos verstecken musste.

Saturn

Die vielen Ringe machen den Planeten Saturn zu einer planetaren Schönheit. Daneben besitzt er noch über achtzig größere und kleinere Monde.

Der Saturn ist übrigens der letzte Planet der ganzen Reihe, der auch schon im Altertum bekannt war, allerdings nur als leuchtender Punkt ohne die Ringe. Immerhin ist der Saturn 1 1/2 Milliarden Kilometer von uns entfernt.

Der Mond Titan

Die Astrophysiker hatten am meisten Interesse am Saturn-Mond Titan, denn er ist neben dem Neptunmond Triton der einzige Mond im Sonnensystem mit einer Atmosphäre.

Im September 1979 erreichte die Sonde Pioneer 11 als einer der ersten Menschenboten diese so weit entfernte Gegend. Sie registrierte eine dichte Wolkendecke über Titan. Ein Jahr später folgte die Sonde Voyager 1 und analysierte die Atmosphäre von Titan. Zwei Jahre danach folgte die Schwestersonde Voyager 2. Die Bilder, die uns beide Sonden von den sonnenfernen Planeten Jupiter, Saturn, Uranus und Neptun zur Erde funkten, waren atemberaubend.

Beide Sonden haben inzwischen das Sonnensystem verlassen und befinden sich im interstellaren Raum, von wo sie sich ab und zu mit fast erschöpfter Energie noch manchmal melden. In ca 30.000 Jahren werden sie vielleicht auf ein anderes Sternensystem stoßen.

Das Augenmerk der Wissenschaftler richtete sich nun auf den Mond Titan. Was mochte sich unter seiner Atmosphäre verbergen?

Am 15. Oktober 1997 startete die Sonde Cassini mit der Titan-Sonde Huygens im Gepäck in Richtung Saturn. Im Juli 2004 schwenkte die Sonde in eine Umlaufbahn um den Saturn ein, wo sie Ende 2004 die kleinere Tochter-Sonde Huygens in Richtung Titan abstiess. Am 14. Januar

2005 landete Huygens auf dem Mond Titan und sandte 72 Minuten lang Bilder zur Erde.

Ich bringe diese Daten deshalb so ausführlich, weil ich diese Aktion in ihrer unglaublichen Präzision in solch einer Entfernung für eine gewaltige Meisterleistung menschlicher Ingenieurs-Kunst halte.

Fotografie der Titanoberfläche während des Landeanflugs von „Huygens"

Erste Bilder von der Oberfläche

Die Atmosphäre von Titan besteht hauptsächlich aus Methan, ja, man konnte sogar Flüsse und große Seen entdecken bei Temperaturen von minus180 Grad. Allerdings fliesst darin kein Wasser, sondern nur Kohlenwasserstoff-Verbindungen wie Methan oder Ethan. Die Vorstellungskraft der Wissenschaftler war angeregt. Taucher sollten die Seen erkunden, ob sich darin irgendwelches Leben unter der dicken Eisschicht aus Methan gebildet haben könnte.

Die US-Raumfahrt-Behörde zeigt weiter Interesse an diesem Mond. Er könnte vielleicht der frühen Erde ähneln und organische Überraschungen bieten. So soll im Jahr 2026 eine neue Sonde mit Namen „Dragonfly" starten, die ab 2034 den Mond weiter auskundschaften soll.

Und so sprach man in einer Fernsehsendung sogar darüber, diesen Mond irgendwann in ferner Zukunft langsam zu besiedeln und erst einige mutige Pioniere zu entsenden, die mit den nötigen Vorbereitungen begönnen. Diese Menschen würden jedoch nie wieder auf die Erde, ihre ursprüngliche Heimat, zurückkehren.

Die Transportkosten und die notwendige Erstversorgung über solch riesige Entfernungen dürften allerdings ungeheure Summen verschlingen.

Vielleicht gibt es aber in der Zukunft andere irdische Probleme, die solche Träume illusorisch machen werden.

Uranus und Neptun

Ein Größenvergleich: Erde und Uranus

Der Planet Neptun

Die grossen Planeten Uranus und Neptun sind für unsere Betrachtungen von geringerer Bedeutung. Auch sie sind von Monden umschwirrt und tragen selbst den Titel „Eisplaneten". Wie schon erwähnt, der Neptun-Mond Triton (nach einem griechischen Meeresgott benannt) hat ebenfalls eine schwache Atmosphäre.

Pluto

Der Planet Pluto hat ein bedauernswertes Schicksal erfahren. Erst im Jahre 1930 entdeckt, wurde er zum neunten Planeten der Sonne erklärt. Mit Wonne hatten ihn die Astrologen für ihre Zwecke okkupiert. Denn er stand für das Thema Skorpion, nein, er wurde dafür abgestellt. Und dann kam eines Tages das enttäuschende „Aus". Pluto wurde zum Klein-Planeten herabgestuft. In der Zwischenzeit hatte aber die NASA eine Sonde mit dem Namen „New Horizons" auf die Reise geschickt, die die ersten Bilder von diesem am Rande des Sonnensystems liegenden Himmelskörper zur Erde schickte. Eine unglaubliche Leistung!

Pluto, als Herr der Unterwelt, hat noch drei Begleiter, der grösste trägt den Namen des Fährmanns der Unterwelt: Charon.

Der Planet Pluto, früher der letzte der Planeten-Reihe, inzwischen aber zu einem Klein-Planeten „degradiert".

Schaut man sich die Bilder der Sonde an, so zeigt sich auf der abgebildeten Seite des Pluto eine interessante Struktur: Eine große Ebene in Herzform.

Wohl niemals wird ein menschliches Wesen diese Ebene betreten und sie näher in Augenschein nehmen.

Jenseits von Pluto

Nach dem Pluto ist das Sonnensystem noch längst nicht zu Ende. Dahinter liegen noch eine Reihe von Zwergplaneten und der sogenannte Kuiper-Gürtel.

Danach kommt der weite, fast leere interstellare Raum, in dem jetzt, wie bereits erwähnt, die beiden Sonden Voyager 1 und 2 unterwegs sind.

Der nächste Fixstern, also die nächste Sonne, trägt den Namen Proxima Centauri.

Sie ist rund 4 ½ Lichtjahre entfernt. Fast ist man geneigt, noch ein „nur" hinzuzufügen, da es ja die interstellare Nachbarschaft darstellt.

Doch welch eine Fehleinschätzung! Es ist für irdische Dimensionen eine gewaltige Entfernung. Raumschiffe mit der Antriebstechnik der heutigen Zeit bräuchten einige zehntausend Jahre, um diesem Sonnensystem und seinen Planeten nahe zu kommen.

Der Mensch wird daher mit Sicherheit nie einen extrasolaren Planeten aus der Nähe sehen geschweige denn betreten.

Manch einer glaubt, wenn es denn gelänge, mit Licht-Geschwindigkeit oder zumindest annähernd so schnell mit 300.000 Kilometer in der Sekunde durchs Weltall zu brausen, dann wären doch 4 ½ Jahre eine noch einigermaßen akzeptable Zeit, um dem Lebenstraum der Menschheit nach dem Besuch anderer Sterne und vielleicht mit anderen Lebewesen in Kontakt zu treten, realisierbar.

Theoretisch ja!

Aber praktisch unmöglich!

Denn die Licht-Geschwindigkeit stellt eine unüberwindbare physikalische Barriere dar.

Alles, was Materie ist, kann sich nicht schneller als das Licht bewegen.

Selbst, sich der Licht-Geschwindigkeit zu nähern, ist mit extremen physikalischen Hürden verbunden.

Ich bin in meinem Buch „Der Mensch. Allein im Universum?" ausführlich auf diese Gegebenheiten eingegangen, dass ich es an dieser Stelle mit diesen Sätzen bewenden lassen möchte.

Der Mensch auf seiner immer während en Suche

Manchmal kann man sich des Gedankens nicht erwehren, als solle der Mensch gefälligst in seinem Umfeld oder dem ihm von der Schöpfung zugewiesenen Lebensraum verbleiben.

Oder soll er andere Lebewesen auf anderen Planeten möglichst nicht in ihrer Entwicklung stören?

Wir wissen es nicht.

Es sind alles nur Gedanken und nicht beweisbare Vermutungen.

Machen wir nunmehr einen riesigen Sprung und verlassen unsere Milchstrasse. Die nächste Galaxis, der Andromeda-Nebel, ist rund 2,3 Millionen Lichtjahre entfernt. Eine Distanz, die der Mensch wohl in Zahlen anzugeben vermag, sich aber nicht mehr vorstellen kann. Träte das unwahrscheinliche Ereignis ein und der Nebel würde sich auflösen, so erführen wir Menschen, sofern wir dann noch lebten, erst in 2,3 Millionen Jahren von dieser Katastrophe.

Das sind Zahlen, vor denen unser kleines Gehirn einfach kapituliert!

Unsere Nachbar-Galaxis, der Andromeda-Nebel

7

Auf der Suche nach dem Aller-Kleinsten

Das Universum bringt mich in Verwirrung. Ich
kann nicht verstehen, wie ein solches Uhrwerk
bestehen kann ohne einen Uhrmacher

Voltaire

Am Anfang Dezember 2011 war der Hörsaal im Cern-Forschungszentrum bereits mehrere Stunden vor einer terminierten Ankündigung völlig belegt. Sämtliche Büros waren geschlossen, die Labore menschenleer und die Cafeteria ohne Besucher. Ja, Wachmänner mussten sogar die Eingänge verbarrikadieren, um unerwünschte Zuhörer zurückzuhalten.

Der Grund: Es ging um Informationen über die Suche nach dem sogenannten Higgs-Teilchen, von dem sich die Physiker weitere Erkenntnisse über den Bau der Materie erhoffen, vor allem, warum Materie so ist wie sie ist und nicht anders.

Mit dem LHC (Large Hadron Collider), einem ringförmigen Teilchenbeschleuniger mit 26,7 km Umfang am Europäischen Kernforschungszentrum Cern bei Genf erhofften sich die Physiker der Existenz dieses ominösen Teilchens nahe zukommen, das bereits im Jahr 1964 von einigen Physikern vorhergesagt wurde, unter anderem auch von dem Briten Peter Higgs, der als Namenspatron für dieses gesuchte „Objekt" gilt.

Nun haben sie es wahrscheinlich gefunden. Anfang Jul 2012 verkündeten die Forscher am CERN in Genf, sie hätten es mit hoher Wahrscheinlichkeit beobachtet.

Der Generaldirektor Heuer schränkt aber weise ein: „Wir haben ein neues Teilchen beobachtet, das mit dem Higgs-Boson kompatibel ist."

Die Suche nach den kleinsten Bestandteilen der Materie geht auf die griechischen Philosophen Leukippos und seinen Schüler Demokritos zurück. Sie gelten als Begründer des Atomismus. Das Wort entstammt wie so vieles der griechischen Sprache: atomoi – unteilbar, nicht weiter zerlegbar, das kleinste. Atome waren nach ihrer Auffassung die kleinsten, nicht weiter teilbaren Bestandteile der Materie.

Diese Lehre konnte bis Anfang des 20. Jahrhunderts nicht widerlegt werden. Erst dann erkannte man, dass diese „Unteilbaren" doch kleinere Teilchen enthielten: Protonen, Neutronen und die äußere Elektronenhülle.

Die Atombombe lehrte die Menschen, welch ungeheure Energie in diesen scheinbar so kleinen Partikeln gefesselt ist und entfesselt werden kann.

Aber die Physiker gaben keine Ruhe, nach dem Motto: Es muss doch noch etwas Kleineres geben!

So konnten sie nach und nach erst sechs verschiedene Arten von Quarks und sechs sogenannte Leptonen nachweisen. Acht von diesen zwölf Teilchen entstehen erst bei hohen Energien.

An dieser Stelle erhebt sich natürlich die Frage: Sind diese acht Teilchen überhaupt Original-Bestandteile der Materie oder entstehen sie erst unter dem Einfluss von hoher Energie?

Man muss sich überhaupt eine zweite Frage stellen, welchen Sinn eigentlich die ganzen Versuche darstellen.

Da werden Protonen mit ungeheurer Energie in einem ringförmigen Tunnel aufeinander geschossen. Dabei zerfallen sie und erzeugen eine große Zahl von verschiedenen Teilchen, unter denen sich – so hofft man theoretisch – auch das vermutete Higgs-Teilchen befinden soll. Aber leider zerfällt dieses hypothetische Higgs-Teilchen so schnell, dass es durch die riesigen Detektoren am Ort der Kollision nicht nachgewiesen werden kann.

Hat die immer fortwährende Suche nach einem immer kleineren Teilchen überhaupt einen Sinn?

Wenn man ganz kühn ist, könnte man diese Versuche als spätpubertäre Physiker-Spielchen abtun, die offenbar als Jugendliche bei der Spielzeug-Eisenbahn zu kurz gekommen sind oder noch immer in diesem Stadium trotz Physik-Studium stecken geblieben sind.

Und dann diese Hybris! Diese Blasphemie!

Ein Materie-Teilchen als „Gottesteilchen" zu deklarieren! Mir ist allerdings nicht bekannt, ob es Teilchen-Physiker selbst waren oder unkundige Journalisten.

Wer gelernt hat, in die Sprache hineinzuhorchen, dem müsste doch ein Licht aufgehen. Sie nennen sich oder werden so genannt: Teilchen-Physiker. Das sagt doch schon alles. Sie haben den Überblick über das große Ganze verloren!

Eine ähnliche Entwicklung findet in der Medizin statt, in der es immer mehr Spezialisten gibt, die am Individuum ihre Künste anwenden und ihr Geld verdienen wollen.

Denn was heisst Individuum auf Lateinisch anders als das Unteilbare. Eine eindeutige Parallele zum Atom – dem Unteilbaren.

Eine ähnliche Sackgasse beschreitet die Physik bei der versuchten Erklärung der Gravitation. Was Schwerkraft bedeutet, weiss jeder, der schon mal gestürzt ist. Aber woher kommt sie, wie wirkt sie?

Da ja alles eine materielle Ursache haben muss, suchen die Wissenschaftler noch immer nach den sogenannten „Gravitonen" in Analogie zu den Elektronen und Photonen. Mit hohem Aufwand und diversen Versuchsanordnungen ist es ihnen bislang nicht gelungen, nur ein einziges dieser geheimnisvollen „Korpuskel" einzufangen.

Denn es gibt sie überhaupt nicht!

Die einzige für mich schlüssige Erklärung gibt Woltersdorf in seinen Büchern (s. dazu auch im Kapitel: Die Gravitation)

Die Nukleonen des Atomkerns haben einen Spin von 10^{22} Umdrehungen pro Sekunde, also einen Drehimpuls. Wodurch wird dieses Perpetuum mobile unterhalten?

Es muss also irgendeine Energie – so wollen wir sie einmal in Ermangelung einer genauen Definition nennen – geben, die diese Rotation bewegt.

Könnte es sich hierbei um die geheimnisvolle Gravitation handeln, die auf diese Weise im wahrsten Sinn des Wortes die Welt zum Laufen bringt und unterhält?

Und um das Metaphysische dieser Welt einzubringen, das den meisten Physikern suspekt erscheint: Ist es vielleicht jene Kraft oder Energie, mit der sich der Schöpfer dieses Universums in diese Welt einbringt und sie in den vielfältigsten Variationen am Leben erhält?

In seinem Buch „Das Lachen Gottes" zitiert Staguhn den mittelalterlichen Kleriker und Philosophen Nikolaus Cusanus aus Kues an der Mosel: Für Cusanus muss jeder Versuch des menschlichen Denkens, den Kosmos bis ins Letzte zu ergründen, scheitern. Denn wäre der Kosmos bis ins Letzte verstanden, so wäre damit auch „Gott" verstanden, was aber unmöglich ist, weil „Gott" eben das ist, was jenseits des Verstehens liegt.

Insofern ist der Titel des Buches kühn-humorvoll. Gott lacht über die kläglichen Versuche der kleinen Menschen, ihn zu verstehen.

In dem Buch „Gefährdete Schöpfung" schreibt Kötschau in seinem Beitrag treffend: „Die Naturwissenschaft erforscht künstlich durch Zerstörung der ganzen und intakten Wirklichkeit hergestellte Dinge und Vorgänge, die in der Natur nie rein vorkommen und benutzt diese entwirklichten und unnaturgemäßen Teile und Teilvorgänge, um sie gegen die natürliche Wirklichkeit, die wir selbst sind, auszuspielen. Man nennt dies heute Manipulation von Natur und Mensch.

Im selben Beitrag zitiert Kötschau den Giessener Physiologen Blasius: „Die größte Gefahr der Naturwissenschaft liegt wohl darin, dass sie im Grunde kein Ziel hat, weil sie ohne Ende ist, da jede Ursache auf eine unendliche Ursachenkette, einen „Regressus in infinitum" führt."

Wie bereits erwähnt: Wenn es etwas Kleines gibt, dann muss es doch noch etwas geben, das noch kleiner ist! Und so weiter.

So schreibt Staguhn weiter in seinem Buch: „Die Elementarteilchen sind nicht nur Grundsubstanz der Materie, sondern sie sind überhaupt etwas anderes als Substanz."

Bei den Betrachtungen der Teilchen-Physiker wird das Prinzip des Geistigen einfach ausgeklammert.

Materie ist nichts weiter als ein Produkt geistiger Schöpfung.

Atome als solche – so möchte ich es einmal formulieren – sind Grenzgänger.

Sie sind die ersten Repräsentanten des Schöpfers in dieser Welt, bewegt und erhalten durch das geistige Prinzip der Gravitation.

Insofern sind die mit enormen Finanzmitteln und eben solch hohem Energieaufwand durchgeführten Versuche am CERN in Genf ein zum Scheitern verurteiltes, unsinniges Unterfangen, das das Geheimnis dieser Welt nie ergründen wird, sondern immer nur weitere Fragen aufwerfen wird.

Mit einem einfachen fast banalen Satz:

Gott lässt sich nicht diesen rationalen naturwissenschaftlichen Methoden in die Karten schauen.

NS
Sollte es wirklich das Higgs-Boson sein, dann erhebt sich die Frage, die sich die Physiker dort stellen werden: „Wonach sollen wir jetzt bloß noch suchen?"

Für den Alltag des Menschen sind die Forschungen am CERN von einer Bedeutung, die sich der Null annähert.

8

Leben auf anderen Welten?

Schon Giordano Bruno (1548 - 1600)
vermutete, dass die Sterne in Wahrheit
andere Sonnen seien mit Planeten, auf
denen anderes Leben existieren könnte.
Das passte aber nicht zum geozentri-
schen Denken der katholischen Kirche.

Die Frage, ob wir allein im Universum sind, wird immer wieder gestellt. Wie soll man sie beantworten? Kann man sie beantworten?

Auf der einen Seite haben wir bislang – lassen wir einmal die albernen UFO-Geschehnisse ausser Acht – keinen Hinweis auf andere extraterrestrische Lebewesen gehabt und auch noch nie einen Kontakt erlebt. Auf der anderen Seite ist das Weltall mit diesen schier ungeheuer vielen Galaxien mit ihren Milliarden von Sonnen mit ihren Planeten so vielfältig, dass die Wahrscheinlichkeit besteht, dass sich auch dort Leben gebildet haben kann. Ob dieses ausserirdische Leben irgendeine Ähnlichkeit mit Lebewesen unserer Erde haben könnte, das steht in den Sternen. Nur eines steht fest: Diese Wesen werden die gleichen Grund-„Bausteine" haben wie wir, also Atome und Moleküle. Mehr hat das Universum nicht zu bieten.

Die Begriffe Seele, Bewusstsein und Geist wollen wir an dieser Stelle einmal vorsichtig ausblenden.

Ob diese Wesen aber eine völlig andere Entwicklung eingeschlagen haben könnten, das sei dahin gestellt. Möglicherweise sind sie sich selbst genug und haben überhaupt kein Interesse an interstellarer Kommunikation und dementsprechend keine dafür adäquate Technik entwickelt.

Die nächste Frage, ob sich irgendwann einmal Wesen aufgemacht haben könnten, um Ausschau nach anderen Zivilisationen im Weltall oder zumindest in ihrer relativen Nähe zu halten: Wir wissen es nicht. Vielleicht waren sie schon viel weiter entwickelt und hatten überhaupt kein Interesse an Kontaktierungen.

Interstellare Reisen, wie sie in den Science-Fiction-Filmen und -Romanen so als selbstverständlich demonstriert werden, werden wohl für immer ein Wunschtraum bleiben.

Die Entfernungen sind zu gross, die Antriebstechniken sind zu einfach und zu guter Letzt ist die Lebenszeit eines einzelnen Menschen viel zu kurz. Nur für eine Reise zum sonnennächsten Fixstern Proxima Centauri müssten Tausende von Jahren eingeplant werden.

Gar nicht auszudenken, wenn alles, also die gesamte Reise mit all ihren Schwierigkeiten und Einschränkungen, umsonst wäre und ausser einigen lebensfeindlichen Planeten nichts zu entdecken wäre. Aber das sind nur

Gedankenspielereien!

So bleibt uns weltraum-interessierten Erdenbewohnern nichts anderes übrig, als unsere Vorstellung auf Reisen zu schicken und irgendwo das Weltall mit Phantasie-Wesen zu bevölkern.

Es gibt aber hartnäckige Behauptungen über sog. Aliens, die unsere Erde besucht haben sollen. Man denke dabei an das Buch von Erich von Däniken „Erinnerungen an die Zukunft".

Ein hypothetischer Planet der Algen
Vielleicht sind es Vorstufen weiteren organischen Lebens

Ein hypothetischer Planet in der Entstehungsphase

Ein Planet mit zwei Monden

In der Tat, es gibt in unserer Vergangenheit eine Reihe von Ereignissen, für die wir keine plausible Erklärung haben.

Ein Beispiel sind die ägyptischen Pyramiden. Nirgendwo in sämtlichen alt-ägyptischen Aufzeichnungen und Hieroglyphen findet man einen Hinweis, wie sie erbaut worden sind. Diese riesigen schweren Steinblöcke – sie mussten erst einmal aus den Steinbrüchen herausgeschlagen, zurecht geklopft und dann bis in solche Höhen hochtransportiert werden. Man sagt, die Cheops-Pyramide soll in zwanzig Jahren erbaut worden sein. Das wäre schon eine kolossale Leistung!

Jetzt kommt noch ein weiteres Fragezeichen hinzu. Die damalige Bevölkerungszahl Ägyptens war noch sehr niedrig, Die meisten Menschen arbeiteten in der Landwirtschaft, um das Volk mit Nahrung, Brot und Bier, zu versorgen. Für Säen, Pflanzen und Ernten sowie Verarbeiten wie Brot backen und Bier brauen benötigten sie fast zwei Drittel des ganzen Jahres. Sie waren sehr abhängig von den Überschwemmungen des Nils. Das hiesse, nur rund vier bis fünf Monate blieben ihnen, um am Grabmal des Pharao zu arbeiten.

Und in dieser Zeit sollte alles geschehen. Es klingt unglaublich!

Da können nur Ausserirdische geholfen haben, die die Fähigkeit besassen, solche schwierigen Arbeiten zu schultern. Das meinen jetzt die Verfechter der früheren Aliens-Besuchen.

Oder haben die Erbauer bereits irgendwelche geheimnisvollen Techniken wie die Levitation, also die Aufhebung der Schwerkraft, besessen, die im Laufe der folgenden Jahrhunderte verloren gingen?

Der Tesla-Auto-Begründer Elon Musk hat einmal den kühnen Satz geäussert, die ägyptischen Pyramiden seien wohl doch von Ausserirdischen erbaut wurden. Er erntete damit einen wütenden Protest der ägyptischen Archäologen. Sie behaupteten stolz, das seien eindeutig Werke ihrer Vorfahren gewesen.

Der Autor Erich von Däniken ist noch immer nicht nur davon überzeugt, dass es frühere Besuche von Ausserirdischen gegeben haben soll, nein, sie weilen anscheinend noch unter uns und hätten sich schon wichtigen Persönlichkeiten offenbart.

Dass die Menschen an solchen Themen stark interessiert sind, zeigt der Erfolg der vielen Bücher des Autors.

9

Die Gravitation - das grosse Geheimnis

Er sprach und es geschah, er gebot
und da war es geschaffen.

Psalm 33, 9

Eine geheimnisvolle und zugleich unerbittliche Erscheinung! Das ist sie, die Gravitation! Wir alle sind ihr unterworfen und wenn wir zu hoch hinaus wollen, dann landen wir – einmal bildlich und vielleicht auch symbolisch gesprochen – manchmal unsanft wieder auf der Erde.

Die Gravitation ist diese Kraft, so wollen wir sie einmal nennen, die uns am Boden hält. Niemand hat sie jemals richtig gesehen, sondern immer nur gespürt.

Nur die Astronauten auf der ISS können sich ihr vorübergehend entziehen und so etwas wie Schwerelosigkeit erleben. Oder die neuen Weltraum-Touristen der letzten Zeit in ihrer kurzzeitigen Schwerelosigkeit.

Angeblich soll Isaac Newton, inspiriert von einem Apfel, der vom Baum fiel, sich Gedanken darüber gemacht haben und schliesslich auf die mathematischen Gesetze der Gravitation gekommen sein, mit denen ich Sie aber nicht traktieren möchte..

Damit hat er die Auswirkungen der Gravitation nur beschrieben und in Formeln gekleidet, aber er hat sie nicht von ihrem Wesen her erklärt.

Man sagt so allgemein, Gravitation ist eine Eigenschaft der Masse. Je grösser die Masse, desto höher die Anziehungskraft. Also müsste sie demzufolge in der Masse, in unserem Fall der Erde, irgendwo lokalisiert sein. Doch bislang hat sie niemand entdeckt. Nehmen wir dazu ein Beispiel: Könnte jemand ins Innere der Erde eindringen, ja, bis zum Mittelpunkt der Erde: Dann wäre er plötzlich viel leichter, als ob die Gravitation sich irgendwie verändert hätte. Wie hat sie sich denn so unversehens geändert, wenn sie doch eine Eigenschaft unserer Erde ist?

Massen ziehen sich gegenseitig an, das dürfte aus dem bisher Erwähnten selbstverständlich sein, eine grössere Masse zieht die kleinere Masse an. Deswegen fällt der Apfel vom Baum nach unten und nicht umgekehrt nach oben.

Manche Wissenschaftler oder solche, die sich dafür halten, reden von Gravitations-Wellen. Aber: Jede Welle ist definiert durch Frequenz und Amplitude. Hier jedoch Fehlanzeige! Niemand hat bislang diese Werte der Gravitation messen können. Wir messen stets nur die Auswirkungen, kommen aber dem eigentlichen Wesen dieses merkwürdigen Phänomens nicht näher.

Wir wollen versuchen, uns dieser so schwierigen Frage einmal von einer anderen Seite her zu nähern. Nehmen wir dazu ein Atom.

Ein Atom besteht nach klassischer Definition aus dem Kern und der Elektronenhülle. Die Proportionen sind allerdings recht erstaunlich. Hätte der Atomkern die Größe einer Kokosnuss, so beschriebe die Elektronenhülle eine Kreisbahn mit einem Durchmesser von über zehn Kilometern. Liesse man den Kern auf Stecknadelkopfgrösse (ein so langes Wort für ein so winziges Objekt!) schrumpfen, so befände sich die Hülle in rund hundert Metern Entfernung.

Was liegt nun dazwischen? Leerer Raum! Ein Witzbold hat einmal gesagt: Luft! Aber Luft besteht auch aus Atomen.

Wir kommen auf diese Frage gleich noch einmal zurück.

Ein weiteres Phänomen kommt noch hinzu: Der Atomkern, der Nukleus, besteht aus Protonen und Neutronen. Diese Nukleonen drehen sich mit einem Drehimpuls von 1022 Umdrehungen pro Sekunden, eine Zahl mit 22 Nullen, eine unvorstellbare Geschwindigkeit.

Bewegung erfordert immer Energie. Also steht die Frage im Raum: Woher kommt die Energie für diesen ununterbrochenen Drehimpuls. Gäbe es diese Energie nicht, so würde jedes Nukleon stillstehen und zerfallen.

Es muss eine geheimnisvolle Energie oder Kraft oder Schwingung geben (obwohl diese Ausdrücke im Grunde samt und sonders falsch sind und nicht dem So-Sein dieser Energie entsprechen), die den Drehimpuls am Laufen hält. Sämtliche Atome dieser Welt, auch die Atome unseres Körpers, haben die gleichen Eigenschaften, sie bestehen aus Nukleonen, und halten damit die Voraussetzungen für das Leben aufrecht. Auch ein Stein, obwohl wir ihn für leblos halten, besteht aus diesen „vitalen" Atomen.

Kann es daher sein, dass hier ein Etwas seine Wirkung entfaltet, die sich vom Wesen her einer physikalischen Einordnung entzieht und das ganze Weltall durchpulst? Ist die Gravitation so etwas wie die Mutter aller Materie? Im Wort Materie steckt ja schon sinnigerweise das Wort „mater". Ist sie eventuell eine im gesamten Universum vorhandene, ausserphysikalische Größe?

Die Gravitation „drückt" uns kleine Menschen und alles, was sich auf der Erde befindet nach unten. Diese Erdenschwere liess den Menschen natürlich nicht ruhen, er wollte ihr entfliehen, sie überwinden.

Einem Hoch- oder Weit-Springer gelingt es für einen wahrlich kurzen Moment.

Der Mensch schaute auf die Vögel, wie sie uns, elegant durch ihre Flugkunst, imponierten.

Der Athener Baumeister Daidalos war laut Mythologie der erste, der den Gedanken des Fliegens mit Vogelfedern realisierte und die Idee für die Flucht vor dem kretischen König Minos einsetzte. Leider verlor er dadurch seinen allzu kühnen Sohn Ikaros durch einen Absturz, da das Wachs, mit dem die Federn verbunden waren, durch die Strahlkraft der Sonne schmolz.

Der geniale italienische Maler Leonardo da Vinci skizzierte schon Flugkörper für ein Entschweben in die Lüfte.

Erst Anfang des 20. Jahrhundert gelang es dem Menschen mit Flügeln und danach mit Motorkraft der Schwerkraft ein kurzes Schnippchen zu schlagen.

Wie es dann Schlag auf Schlag mit der Entwicklung der Flugzeuge weiter ging weiss jeder von uns.

Das schien den Menschen aber nicht genug.

Er wollte mehr. Er, der Mensch, wollte über die Erde hinaus in Richtung Weltraum. Jules Verne hat es in seinem Roman so herrlich einfach dargestellt.

In Deutschland hatte Wernher von Braun die Idee, mit Raketen diesen Träumen nachzugehen. Der Zweite Weltkrieg mit seinen V2-Raketen war leider der marsische „Umweg" bis zur Entwicklung über einige Vorläufer hin bis zur Saturn-Rakete, die die ersten Menschen zum Mond brachte.

Das größte Problem bei all diesen Versuchen war die Überwindung der Schwerkraft, die den Menschen unerbittlich an diesen Planeten fesselte. Dazu war mehr oder weniger starke Energie notwendig.

Im Weltraum selbst wurde der Mensch plötzlich schwerelos, als ob es die Gravitation nicht gäbe. Ein volles neues Gefühl!

Wie kann man das erklären?

Die Schwerkraft wirkt von allen Seiten auf uns ein. Im Weltall geschieht das ebenfalls – da aber die Gravitation von allen Seiten auf den Menschen einwirkt, hebt sie sich auf.

Auf der Erde und auf jedem anderen Körper im Weltraum ist es anders.

Wie gesagt, die Gravitation wirkt von allen Seiten auf den Menschen ein. Sie durchdringt auch die Erde, aber ein Teil ihrer „Kraft" wird dadurch „verbraucht", da sie die Nukleonen der vielen Atome der Erde in „Schwung" halten muss oder will oder soll. Das bedeutet, dass auf der anderen Seite, wenn die Gravitation wieder aus der Erde heraustritt, eine leicht „geschwächte" Gravitation auf die „unverbrauchte" volle Gravitation trifft, die aus dem Weltraum herankommt.

Dieser winzige Unterschied, der dadurch entsteht, ist die gewaltige „Kraft", die uns am Boden hält. Die wir überwinden müssen, um uns von der Erde abzuheben.

Um es weiter zu verdeutlichen: Der Mond ist wesentlich kleiner als die Erde und damit wird die Gravitation beim Durchtreten durch die „Materie Mond" nicht so stark geschwächt und der Mensch fühlt sich leichter, denn jetzt ist die Anziehungskraft geringer und die Astronauten konnten, wie wir auf den Videos gesehen haben, „lunare" Sprünge durchführen.

Eine hypothetische Mond-Olympiade würde zu ganz anderen Ergebnissen führen.

Wenn wir einmal annehmen, dass dieses geheimnisvolle Phänomen im gesamten Weltall vorhanden zu sein scheint, dann erhebt sich natürlich die Frage: Wo kommt sie her und wie ist sie entstanden?

Damit haben wir aber immer noch keine Erklärung für das Wesen der Gravitation, sondern haben nur wieder die Auswirkungen beschrieben.

Die Gravitation unterliegt allem Anschein nach nicht der Grenze der Lichtgeschwindigkeit, sie ist einfach da.

Gibt es eventuell etwas, was nicht in den Lehrbüchern der Physik erfasst ist?

Arthur C.Clarke schieb schon 1969: „Denn es scheint ja, als wäre sie etwas von den anderen Kräften – Licht, Wärme, Elektrizität, Magnetismus – ganz Abweichendes und Wesensverschiedenes".

Wie schaut es aus mit unserem Geist, dem keinerlei räumliche oder zeitliche Grenzen gesetzt sind? Dieses Medium, mit dem wir denken, erleben, bewusst werden, träumen, rechnen, phantasieren und lernen?

Wir können uns ohne Probleme in mehr als Lichtgeschwindigkeit zurückversetzen in Erlebnisse der Jugend, wir können träumen, als ob es Wirklichkeit sei.

All diese Dinge sind physikalisch nicht erklärbar, nicht in das herkömmliche Zentimeter-Gramm-Sekunde-Danken einjustierbar. Es sind keine „Ausschwitzungen" körpereigener Moleküle oder Zellen.

Könnte da eine merkwürdige Ähnlichkeit mit diesem geheimnisvollen Medium der Gravitation bestehen?

Auch wenn die „normalen" Physiker Hemmnisse haben, diese Begriffe in den Mund zu nehmen:

Gibt es nicht ausserphysikalische Phänomene, die wir vorsichtig mit „Geist" umschreiben können, die in Einklang zu bringen sind mit Allmacht, Seele, Ewigkeit und Gott?

10

Die Evolution

Eine durchgehende Reihe von Ereignissen, an
deren Ende vorläufig wir Menschen stehen

Die Menschen geben bestimmten Dingen manchmal treffliche Namen, über deren tiefe Bedeutung sie sich oft keine Gedanken machen oder deren Tiefe sie sich nicht bewusst sind.

Darüber später am Ende dieses Kapitels.

Die Erde ist auf eigenartige Art und Weise entstanden, worüber die Astronomen zwar reflektieren, es aber nicht genau wissen. Irgendwelche Staub- und Gesteinswolken, die um die Sonne kreisten, die offenbar schon vorhanden war, sollen sich verdichtet haben und die Erde geformt haben.

Ob das so stimmt, ist unbekannt.

Aber lassen wir einmal diese Theorie beiseite und konzentrieren uns mehr auf das, was danach geschah.

Die Erde hatte also eine Form angenommen und darauf war es wüst und leer, wie es schon in der Bibel in der Schöpfungsgeschichte zu lesen ist.

Im Inneren war die Erde noch heiss und glühend, aber auf der Oberfläche hatten sich langsam festere Strukturen ausgebildet.

Und dann wartete die Erde, wenn wir sie mal personifizieren wollen, augenscheinlich darauf, dass irgendetwas passiert.

Es bildeten sich heftige Stürme und Wolken, denn die Erde bekam offenbar eine Atmosphäre. Woher jetzt diese Atome und Moleküle herkamen, das ist unbekannt. Die einzige Möglichkeit besteht darin, dass sich aus dem Inneren Erde über Vulkanismus Dampf-Moleküle gebildet hatten und durch die Schwerkraft der Erde gehalten wurden.

Es wurde sehr langsam kühler und nach einigen Millionen oder Milliarden von Jahren entstand Wasser auf der Oberfläche.

Woher dieses Wasser eigentlich kam, ist bis heute nicht geklärt. Es müssen sich ja Wasserstoff (das einfachste Atom) und Sauerstoff zusammen zu Wasser H_2O gebildet haben. Aber es soll sich also gebildet haben, auf die Erde gelangt sein und vor allem in solch gewaltigen Mengen, die jetzt unseren Planeten bedecken. Manche Theorien besagen, es sei über Kometen zur Erde gekommen. Damit jedoch gelangen wir zur nächsten Frage: Wie und wieso sollen diese Wanderer des Sonnensystems Wasser auf ihrem Streifzug gebildet haben?

Wir wissen es also nicht, woher einer der wichtigsten Parameter irdischen Lebens herkommt oder entstanden ist.

Und wenn wir gerade bei schwierigen Fragen sind: Woher kommt das ganze Salz im Wasser unserer Meere. Immerhin müssen ja zwei Atome, nämlich Natrium und Chlor, eine molekulare „Ehe" eingegangen sein und sich im Wasser gelöst haben. Und nicht nur in wenigen Gramm, sondern in Riesenmengen.

Da wir vielen Fragen ratlos gegenüber stehen, nehmen wir aus Bequemlichkeitsgründen eine Erde mit einer teilweise wässrigen Oberfläche als gegeben an.

Nun sagt man ja: Das Leben kam aus dem Meer.

Das scheint zu stimmen, denn nur eine wässrige Umgebung gab dem Leben die Chance der Entwicklung, weil Bewegungen und damit ein Zueinander-Finden von Molekülen möglich war.

Auf jeden Fall müssen sich grössere Moleküle gebildet haben, sei es durch die Kraft von Vulkan-Eruptionen oder durch die Energie von Blitzen oder durch Sonneneinstrahlung.

Über Zeiträume von Jahr-Millionen bildeten sich, initiiert durch einen geheimnisvollen Plan oder Drang, grössere und komplexere Molekül-Gebilde.

Diese weiteten sich aus, bis irgendwann nach langer Zeit die ersten Aminosäuren entstanden – dies alles geschah ohne eine dringende Notwendigkeit, sondern es geschah einfach.

Diese immer umfangreicheren Gebilde schlossen sich irgendwann zusammen und grenzten sich von der Umgebung durch eine Art Haut oder Schutzhülle ab. Aus etwas Amorphen, also Zusammenhanglosen, wurden abgegrenzte Gebilde, eine Art Vorstufe eines „Individuums".

Man kann sie vorsichtig als Zellen oder zumindest als deren Vorstufen bezeichnen.

Die Entwicklung ging weiter. Einzelne Zellen schlossen sich zu Verbänden zusammen, bei denen es zu einer „Arbeitsteilung" kam, bei der einzelne Mitglieder die spezifische Arbeit für den Verband, also für alle übernahmen.

Die Natur, so wollen wir sie einmal in Ermangelung anderer Begriffe nennen, schien eine unglaubliche Phantasie zu besitzen, denn sie stattete diese Vor-Geschöpfe mit immer komplexer werdenden Fähigkeiten aus, so dass diese auf die Umwelt reagieren konnten und mir ihr interagieren konnten.

Ein grosses Geheimnis ist die Vermehrung, also die Ur-Vorstufen der Sexualität. War für diese ersten Stufen nur eine einzelne Zelle nötig, dauerte es unglaublich lange, bis für die Vermehrung zwei verschiedene „Einzelne", also zwei Geschlechter, notwendig waren.

Das irdische Meer bildete so die Möglichkeit der Weiterentwicklung.

Eine Voraussetzung für die Möglichkeit zum Leben ist das Vorhandensein von Energie, in letzter Konsequenz also Nahrung. Da es im Wasser nur diese einzige Möglichkeit gab, kann es sein, dass sich eine Art frühzeitlicher Kannibalismus.

Ein grosser und bedeutender Schritt der Entwicklung, der letztendlich auch bis zum Menschen führte, war der Schritt aus dem Wasser ans Land, so dass sich Pflanzen und Tiere entwickeln konnten. Das Wort „Schritt" klingt ein wenig vereinfachend. Das war es aber beileibe nicht, sondern es dauerte Jahrtausende, bis sich das Leben am Land etablierte. Neue Organe mussten sich bilden und neue Möglichkeiten der Fortbewegung. Kurz und gut, es hatte geklappt.

Jetzt nahm die Entwicklung ihren Lauf, immer neue Lebewesen und Pflanzen entstanden.

Es wäre jetzt müssig, sämtliche Schritte nachzuvollziehen.

Wir machen daher einen gewaltigen Sprung bis zu den Sauriern, die teilweise riesengross Jahrmillionen über die Erdoberfläche stampften oder als Novum sich auch in die Lüfte erhoben.

Offenbar machte ein gewaltiger Asteroid dem Treiben der immer riesiger werdenden Saurier ein Ende. Er stürzte in das Gebiet des heutigen Golfs von Mexico. Ein unvorher gesehener ausserirdischer Faktor griff somit an dieser Stelle in das Geschehen auf der noch relativ jungen Erde ein. Das geschah vor rund 65 Millionen Jahren.

Die Erde verfinsterte sich durch aufgewühlten Dampf und Staub über Jahrhunderte hinweg und die Saurier, die sich durch Ei-Gelege vermehrten, starben aus.

Jetzt begann eine völlig neue Periode, das Zeitalter der Säugetiere, das bis heute angehalten hat und an deren Ende vorläufig der Mensch steht.

Bei den Pflanzen haben sich einige aus dieser Urzeit bis in die Jetztzeit gerettet, zum Beispiel die Farne.

Die oft gebrauchte Floskel von der „Krone der Schöpfung" erscheint doch ein wenig grossspurig und löst sich bei genauerem Hinsehen in Luft auf.

Es wäre jetzt müßig, den Verlauf der Entwicklung der Säugetiere bis zum heutigen Tag aufzuzeichnen.

Am Ende stehen die Anthropoiden, die Menschenähnlichen. Ob der heutige Mensch eine Weiter-Entwicklung der Affen ist oder ob sich beide Linien getrennt oder parallel voneinander entwickelt haben, darüber scheint es in der Wissenschaft noch einige Unklarheiten zu geben.

Wir kommen jetzt zurück auf die am Beginn dieses Kapitels erwähnte geheimnisvolle Namensgebung des Wortes „Evolution".

Mir ist nicht bekannt, wer dieses Wort geprägt hat.

Dieses Wort leitet sich ab aus dem lateinischen Wort „evolvere", was so viel heisst wie entpacken, auswickeln.

Wenn etwas ausgewickelt wird, dann muss zwingend davor etwas eingewickelt gewesen sein.

Nennen wir es eine Absicht, einen Plan, eine Idee, eine Vorstellung.

Die gesamte Evolution ist somit keine sinnlose Aneinanderreihung von Zufällen, sondern dahinter steht ein absichtsvolles Geschehen, ein Geleitet-Werden, das wir mit unserem etwas eingeschränktem Verstand nicht einsehen können.

Wir müssen das akzeptieren, auch wenn es uns schwer fällt.

Das Wort „Freiheit", das wir so gern für uns beanspruchen, besitzt auch gewisse Grenzen.

Farne - Relikte der Ur-Zeit

11

Das Weltall

„Es gibt eine Theorie, die besagt, wenn jemals irgendwer genau herausfindet, wozu das Universum da ist und warum es da ist, dann verschwindet es auf der Stelle und wird durch etwas noch Bizarreres und Unbegreiflicheres ersetzt."

Douglas Adams als Vorwort in seinem Roman „Das Restaurant am Ende des Universums"

Auf der nächsten Seite fährt er fort:
„Es gibt eine andere Theorie, nach der das schon passiert ist."

Die Milchstrasse, d.h. unsere Milchstrasse ist nur ein winziger Teil des Weltalls, sie ist aber unsere grosse Heimat, in die unsere Sonne und die Planeten mit ihren Monden zusammen mit Milliarden anderer Sterne eingebettet sind.

Man nimmt an, dass unsere Galaxis, könnte man sie von oben betrachten, wie eine Spirale mit etlichen Armen aussieht, denn viele andere Milchstrassen haben eine ähnliche Konfiguration. Man spricht von einem Durchmesser von hunderttausend Lichtjahren.

Unser Sonnensystem befindet sich irgendwo am Rande eines der Seitenarme und dreht sich mit der gesamten Milchstrasse langsam in ungefähr 40.000 Jahren einmal um die Mitte.

Unsere Vorfahren haben sich gewiss die Sterne angeschaut, ob und wie viel sie vielleicht in die Himmelsphänomene hinein interpretiert haben, ist nicht genau nachvollziehbar.

Lange Zeit waren die Menschen davon überzeugt, dass unsere Milchstrasse das einzige Gebilde in diesem Universum sei.

Erst im letzten Jahrhundert entdeckte man in unserer „Nachbarschaft" eine weitere Galaxis, den Andromeda-Nebel, wie bereits erwähnt in einer Entfernung von ca 2,3 Millionen Lichtjahren. Eine unvorstellbare Entfernung! Das Licht, das schnellste bekannte Medium dieses Weltalls, braucht 2,3 Millionen Jahre, um uns das Bild dieser Milchstrasse zu präsentieren. Und das was wir dann sehen, ist eben auch nicht mehr aktuell, sondern ebenso alt.

Wir leben in einer paradoxen Welt, was die Astronomie anbetrifft, nämlich in einer Welt von gestern. Alles was wir am Himmel sehen ist alt, wenn nicht gar uralt.

Die Astronomen bewegen sich mit all ihren Methoden meistens nur im Gestern und Vorgestern!

Die Zeit, diese unerbittliche Eigenschaft des Universums, hält uns ganz schön in ihrer Fängen – aber wir haben gelernt, mit diesem schwer zu verdauenden Faktor zu leben. Wie? Indem wir die einschränkenden Gedanken daran einfach als unbequem ausblenden.

Das Licht des Mondes braucht etwas mehr als eine Sekunde zu uns. Das

Licht der Sonne ist acht Minuten unterwegs, bis es auf unser Auge trifft! Und wie bereits erwähnt: Das Licht der nächsten Sonne zu unserem Sonnensystem ist bereits 4 ½ Jahre unterwegs.

In der Zwischenzeit könnte ja etwas passiert sein!

Und die inzwischen gefundenen Millionen und Milliarden Galaxien, die teilweise Milliarden Lichtjahre entfernt sind – ja, wir ersparen uns das, das sprengt einfach menschliche Vorstellungen.

Ein Thema sollte in diesem Kapitel noch Erwähnung finden.

In Fernseh-Sendungen hört und sieht man immer wieder, wie mit wichtigtuerischer Miene, über die sogenante „Dunkle Materie" reflektiert wird, die sich angeblich im Weltraum zwischen den Sternen befinden soll. Meine Frage: Wer hat sie eigentlich schon einmal gesehen?

Wie kan man etwas mit dem Begriff Materie bezeichnen, wenn doch jeder Physiker und Chemiker wissen sollte, dass Materie bestimmte Eigenschaften haben sollte. Wenn es wirklich eine solche dunkle „Materie" geben sollte, dann müsste sie zwingend das Licht absorbieren, so dass man keine Sterne sehen könnte.

Aber das ist nicht der Fall!

Und dann geistert noch ein Begriff durch manche Astrophysiker-Meinungen: Das ist die „Dunkle Energie".

Nichts wird verständlicher und klarer, wenn man seine Unkenntnis mit dem Wort „Dunkel" verschleiert.

12

Der Anfang

Der erste Trunk aus dem Becher der Naturwissenschaft macht atheistisch, aber auf dem Grund des
Bechers wartet Gott

Werner Heisenberg, Nobelpreisträger für Physik

Der Mensch in seinem So-Sein ist sein ganzes Leben in die Zeit einge-
bunden. Für ihn muss es eben bei allem Geschehen einen Anfang geben
und naturgemäss irgendwann ein Ende.

Es liegt auf der Hand, dass er, insofern er eine Spur von Neugier in sich
spürte, sich fragte, wie alles entstanden sein kann, dieses Leben, diese
Welt und auch dieser Himmel.

Während in den alten Kulturen diese Fragen durch Mythen und Sagen
abgeklärt wurden, braucht und sucht der moderne Mensch wissenschaft-
liche Antworten.

Die Götter spielten früher bei all dem eine entscheidende Rolle. Die
Priester und Philosophen versuchten den fragenden Menschen erklärende
Bilder zu vermitteln. Die Menschen waren damit zufrieden.

Unsere Kultur war früher durch die Schöpfungsgeschichte des Alten
Testaments geprägt. Am Anfang reichte den christlich erzogenen Men-
schen diese biblische Geschichte. Gott, der Herr, schuf diese Welt aus dem
Chaos in sechs Tagen und am siebenten Tag ruhte er.

Andere Kulturen und andere Religionen haben ihre eigenen Erklärungs-
muster für alles, was entstanden ist oder immer schon da war.

Im Grunde haben die Völker die seltsamsten Mythologien darüber ge-
sponnen, was wohl am Anfang so geschehen sei und was sich dabei ab-
gespielt haben könnte. Doch dann schaltete sich die auf allen Gebieten so
erfolgreiche Naturwissenschaft in diese Vermutungen ein und wischte den
ganzen Unsinn von Mystizismus und Aberglauben, wie sie meinte, gründ-
lich hinweg, um den Menschen zu erklären wie es wirklich gewesen sein
musste.

Da man durch Untersuchungen zu wissen glaubte, dass sich das Weltall
ausdehnt, musste man nur die ganze Bewegung zurück verfolgen, um irgendwann zum Ausgangs-„Punkt" des ganzen sich ausdehnenden Weltalls
zu gelangen. Das musste der Anfang sein, von dem sich alles gewaltig-
explosiv entfernt haben musste. Der Wort vom Urknall war geboren.

Man muss sich allen Ernstes fragen, was denn bei diesem Urknall ex-
plodiert sei, um daraus ein ganzes Weltall entstehen zu lassen. Im Grunde
steckte man in einer selbst gestrickten gedanklichen Falle. Irgend etwas

schien nicht zu stimmen. Was immer am Anfang auch geschehen sein mag, vorher muss etwas anderes da gewesen sein, dass dieses Geschehen ermöglichte und anstiess. Denn unser logisches Denken verlangt bei jedem beobachteten oder behaupteten Ereignis eine vorausgegangene Ursache. Könnte man diese Ursache herausfinden, ergäbe sich die verzwickte nächste Frage: Denn auch diese Ursache müsste wiederum eine vorausgegangene Ursache haben.

Keiner der Astrophysiker kann so kühn und vermessen sein, zu behaupten, dass etwas aus dem Nichts entstehen kann.

Dabei hat schon der antike Philosoph Leukippos, der Lehrer von Demokrit und einer der Vorsokratiker, folgenden Satz geprägt:

„Kein Ding entsteht planlos, sondern alles aus Sinn und unter Notwendigkeit."

Eine deutliche antike Formulierung des Kausalgesetzes, das unsere heutigen Astronomen beim Urknall wohl ausser Kraft setzen möchten.

Es wäre für die sich so modern fühlenden Astrophysiker sicher einmal lehrreich – sie vergeben sich dabei nichts! - sich wieder einmal die Erkenntnisse der Altvorderen zu Gemüte zu führen.

Sämtliche modernen naturwissenschaftlichen und astrophysikalischen Werke hingegen, die sich mit diesem Thema beschäftigen, kann man getrost in seinem Bücherschrank neben die Märchenbücher der Gebrüder Grimm stellen.

Oder auch neben die Bücher, die das Thema Phantasie als Schwerpunkt haben.

Aber verfolgen wir einmal den „Urknall"-Gedanken weiter.

Es soll also geknallt haben. Typisch menschlich! Wenn irgend etwas Grosses entstehen soll, muss es mit Getöse und Feuerwerk erfolgen. Das anglo-amerikanische Wort „Big Bang" erscheint noch eine wesentlich banalere und trivialere Bezeichnung für so ein gewaltiges Ereignis zu sein.

Aber so ein Knall wäre nicht zu hören gewesen, da es per definitionem keinen Raum und damit keine Umgebung gab, in die sich die Schallwellen hätten ausbreiten können.

Zudem hätte auch keiner zugehört!

Also es beginnt etwas.

Jedoch gab es keinen zwingenden Grund, dass sich etwas tat.

Es sollen sich also Atome gebildet haben. Diese haben eine gewisse Struktur. Wer gab den Atomen den Hinweis oder den Befehl oder den Plan, sich so zu konfigurieren, um sich später mit anderen Atomen zu Molekülen zu vereinen und Materie auszubilden und damit als Basis sämtlicher Produkte der Schöpfung zu wirken? Es soll einfach so passiert sein, als wenn es nichts Besseres zu erfinden gäbe!

Dieses Etwas soll sich dann immer weiter ausgedehnt haben. Aber wohin eigentlich, denn es gab doch noch keinen Raum? Hat sich also dieses Etwas selbst den Raum erst geschaffen oder schaffen müssen, um Platz für die Ausdehnung zu haben?

Fragen über Fragen!

Irgendwann später entstanden die ersten Sonnen, die ersten Milchstrassen und später auch die ersten Planeten. Diese sollen sich aus dem interstellaren Staub und herumfliegenden Materie-Klumpen gebildet haben. Es entstanden rotierende Gebilde, die in einem gehörigen Abstand um ihre leuchtenden Zentralgestirne kreisen, ohne in diese hinein zu stürzen.

Irgendwann muss ja auch noch das Licht entstanden sein oder zumindest die Fähigkeit zum Leuchten.

Alles geschah so harmonisch oder schien nur so und lässt sich jetzt mit physikalischen Formeln beschreiben, mehr aber auch nicht.

Begründen kann man es nicht!

Je mehr man darüber nachdenkt, desto unerklärlicher und rätselhafter wird es, dass überhaupt etwas geschah und nicht das grosse Nichts verblieb.

Und die nächste Frage steht folgerichtig im Raum.

Wie kann es sein, dass sich aus einem anfänglich so kleinen „Etwas" das gesamte Weltall mit seinen Abermilliarden Sternen und Milchstrassen gebildet haben soll? Auch wenn es nach naturwissenschaftlichen Erkenntnissen vor über 13 Milliarden Jahren begonnen haben soll.

Wenn es nicht so paradox klingen würde: Da soll aus dem Nichts etwas hervorsprudeln, nach und nach, Atom für Atom, oder doch vielleicht erst nur die Nukleonen und Elektronen, die sich dann „erfreulicherweise" oder der Not gehorchend zu Atomen zusammen schlossen. Alles ohne Bauplan! Quasi als Improvisation!

Je länger man darüber nachdenkt, desto unwahrscheinlicher wird diese gesamte Theorie vom Urknall.

Wieso sich dann noch Sonnen und Planeten gebildet haben und zu guter Letzt Pflanzen, Tiere und Menschen, das grenzt an ein Geheimnis. Nein, es grenzt nicht nur, es ist ein Geheimnis!

Denn – um es noch einmal zu wiederholen – es gab keine zwingende Notwendigkeit für das Entstehen einer Lebensform, die sich jetzt bemüht, ihre Herkunft und ihr So-Sein zu verstehen.

Gibt es hinter allem, was wir da sehen, nicht eine planende, schaffende Instanz, die das Weltall mit einem „Es werde!" entstehen liess, ohne den „Umweg" über diese Urknall-Geschichte.

Es ist im Grunde gleichgültig wie wir es, hilflos wie wir sind, nennen: Schöpfer, das Numinose, den Weltengeist oder Gott.

13

Abschliessende Gedanken

In allem Streben und Forschen suche ich hinter
dem Geheimnis des Lichtstrahls ehrfürchtig das
Geheimnis des göttlichen Geistes.

Max Planck, Begründer der Quantentheorie

Manch einer mag diese folgenden Gedanken für abgehoben und befremdlich empfinden. Trotzdem möchte ich sie nachdenklichen und offenen Menschen einmal an einem Beispiel vor Augen halten.

Uns ist die Eintagsfliege bekannt, zumindest dem Namen nach, auch wenn man sie noch nie in ihrem kurzen Leben zu Gesicht bekommen hat oder nicht bemerkt hat, dass es sich um eben diese Fliege handelt.

Ihr Leben dauert also nur einen Tag lang. Dieser eine Tag bildet ihr ganzes Leben mit allen Höhen und Tiefen ab, was eben eine Fliege so sehen und empfinden kann. Die Fliege fühlt sich aber durch diese Kürze ihres Lebens nicht eingeschränkt oder von der Evolution benachteiligt, da sie es nicht anders kennt.

Daher kann eine Eintagsfliege nie nachempfinden, wenn sie es denn könnte, wie es sein kann, das Leben eines Menschen von siebzig oder achtzig Jahren zu leben, in dem sich Tausende von Tagen aneinander reihen.

Werfen wir nun einen Blick auf und in das Weltall.

Die ungeheuren zeitlichen Dimensionen sind von einem Menschen mit seinem begrenzten Bewusstsein und seinem beschränkten Zeitempfinden nicht nachvollziehbar. Die Stunde, der Tag, der Monat und das Jahr und seine Lebensjahre sind die einzigen Zeitspannen, die der Mensch subjektiv, also persönlich, erfassen und empfinden kann.

Die Schöpfung hat in ihrem Programm, um es einmal bescheiden zu formulieren, nichts Totes hervorgebracht. Alles lebt, alles ist in Bewegung, alles ist der Veränderung unterworfen.

So auch das gesamte Weltall. Es lebt. Es ist ein riesiges Wesen, allerdings völlig anders, als wir Menschen uns einen Körper vorstellen. Ebenso wie der Mensch sich aus seinen Organen zusammensetzt, so sind die Galaxien samt ihren Bestandteilen die „Organe" des Weltalls. Wer weiss, welche Funktion die ominösen Schwarzen Löcher in diesen Organen haben, von denen in letzter Zeit so häufig berichtet wird?

Das Weltall atmet auf seine Weise, wir Menschen sprechen von der Flucht der Milchstrassen. Zur Zeit atmet es ein, vielleicht über Millionen von Jahren lang, es dehnt sich also aus, es weitet sich, wohin ist uns nicht bekannt. Wir wissen nicht, ob es ausserhalb des Weltalls irgend etwas, anders können wir es nicht unbeholfen beschreiben, gibt in das sich unsere Galaxien und alles sonstige hinein oder hinaus ausdehnt.

Die eben erwähnten Zeitspannen sind für das menschliche Bewusstsein mit seiner kurzen Lebensphase nicht nachvollziehbar.

Wir erfassen und verstehen nur extrem kurze Zeit-Bereiche gemessen an den Zeitläuften des Alls.

Um nun auf die Eingangsbetrachtungen dieses kurzen Schluss-Kapitels zurückzukommen:

Wir sind die Eintagsfliegen des Universums!

Literaturhinweise

Berling, P.; Zodiak - Die Geschichte der Astrologie, Ullstein, ohne Datum

Bojowqald, M.; Zurück vor den Urknall, Die ganze Geschichte des Universums. Fischer TB, 2010

Clarke, A.C.; Im höchsten Grade phantastisch; Ausblicke in die Zukunft der Technik; Fischer, 1969

Clarke, A.C.; Unsere Zukunft im Weltall, Perspektiven der Raumfahrt; Fischer, 1970

Clarke, A.C.;Im höchsten Grade phantastisch, Ausblicke in die Zukunft der Technik, Fischer,1969

Däniken, E.v.; Erinnerungen an die Zukunft, Ungelöste Rätsel der Vergangenheit, Knaur, 1971

Däniken, E.v.; Neue Erkenntnisse; Beweise für einen Besuch von Außerirdischen in vorgeschichtlichen Zeiten; Kopp. 2018

Däniken, E.v.; Botschaften aus dem Jahr 2118; Neue Erinnerungen an die Zukunft; Kopp, 3. Aufl. 2021

Ditfurth, H.v.; Der Geist fiel nicht vom Himmel, Die Evolution unseres Bewusstseins, 7. Aufl. 1985, dtv, München

Ditfurth, H.v.; Kinder des Weltalls, Der Roman unserer Existenz, Knaur, 1971

Stuckrad, Kock v.; Geschichte der Astrologie, Von den Anfängen bis zur Gegenwart, Becksche Reihe, 2007,

Klein, N.; Dahlke, R.; Das Senkrechte Weltbild; Kailash Buch, 1986

Klein, S.; Das All und das Nichts, Von der Schönheit des Universums; S.Fischcr, 2017

Lesch, H.; Was hat das Universum mit uns zu tun? Bertelsmann, 2019

Löbsack, Th.; Wunder, Wahn und Wirklichkeit; Naturwissenschaft und Glaube

Staguhn, G.; Das Lachen Gottes; Der Mensch und sein Kosmos. Hanser, 1990

Störig, H.J.; Kleine Weltgeschichte der Philosophie; Bertelsmann Lesering, 1961

Volkmer, D.; Die Schöpfung, Books on Demand, 2019

Volkmer, D.; Mars im Spiegel – Mythologisch-biss-liche Betrachtungen, 3. Auflage 2008, Books on Demand

Volkmer, D.; Der Urknall – Eine Fiktion der Astrophysik, Books on

Demand, 2016

Volkmer, D.; Der Mensch – Allein im Universum?, Books on Demand, 2018

Volkmer, D.; Das Aufbegehren - Von Prometheus bis Martin Luther, Books on Demand, 2021

Woltersdorf, H.W.; Die Schöpfung war ganz anders, Irrtum und Wende; Walter-Verlag, 1976

Woltersdorf, H.W.; Phänomen Schwerkraft – Das Medium mit dem wir denken; Walter-Verlag, 1977

Woltersdorf, H.W.; Der Geist ist's, der den Körper baut, Die Irrlehren des wissenschaftlichen Materialismus; Langen Müller, 1991

Woltersdorf, H.W.; Die Lösung der Sieben Welträtsel, Das Ende des wissenschaftlichen Materialismus; Argo-Verlag, 2006

Eigentlich gehört ein Dank an den Anfang.

Man sieht, dass der Name Woltersdorf in den Literaturangaben sehr häufig vorkommt.

Ich habe ihm viel zu danken.

Seine Bücher haben mich etwas „wachgerüttelt" und mich erkennen lassen, dass die Welt nicht so ist, wie es uns die Naturwissenschaft weismachen will.

Weitere Literatur des Autors zu diesen Themen

Die Schöpfung

Mythen und Erzählungen

Verlag Books on Demand

Weitere Einzelheiten unter

www.literatur.drvolkmer.de

Der Mensch - Allein im Universum?

Reflexionen eines Erdenbewohners

Verlag Books on Demand

Weitere Einzelheiten unter

www.literatur.drvolkmer.de

Mars im Spiegel

Mythologisch-bissliche Betrachtungen

Verlag Books on Demand

Weitere Einzelheiten unter

www.literatur.drvolkmer.de

Der Urknall

Eine Fiktion der Astrophysik

Verlag Books on Demand

Weitere Einzelheiten unter

www.literatur.drvolkmer.de

Weitere Bücher des Autors

Der Erste Messias?
Bildnis eines zu früh Geborenen

Verlag Books on Demand

Weitere Einzelheiten unter

www.literatur.drvolkmer.de

Die Odyssee

Eine Psychologische Reise nach
Ithaka

Verlag Books on Demand

Weitere Einzelheiten unter

www.literatur.drvolkmer.de

Für Notizen